길 위에서 얼마나 오랜 시간을 보내느냐는 중요하지 않다.
중요한 것은 길을 제대로 찾아 어떤 의미를 발견해 내는 일이다.

ENFANTS DES SABLES
by MOUSSA & IBRAHIM AG ASSARID
Copyright ⓒ LES PRESSES DE LA RENAISSANCE, Paris, 2008
Korean Translation Copyright ⓒ God'swin Publishers Inc., 2010
All rights reserved.

—

This Korean edition was published by arrangement with
LES PRESSES DE LA RENAISSANCE (Paris)
through Bestun Korea Agency Co., Seoul

사막학교 아이들

무사 앗사리드 · 이브라힘 앗사리드
임미경 옮김 | 전화식 사진

고즈윈

차례

책을 내면서_꿈을 향해 걷기 6

모래 위에 떨어진 한 권의 책 10

삶이 내게 미소 짓도록 26

자유로 나아가는 문 48

생텍쥐페리 사막학교 66

푸른 옷의 어린 왕자들 98

사막학교에는 시계가 없다 154

나 자신으로 남는 법 198

삶에는 모든 것이 있다 210

별과 지평선이 전하는 이야기 222

사막학교 소식 258
사막학교를 돕는 사람들 260
옮긴이의 글 262

책을 내면서

꿈을 향해 걷기

이브라힘과 무사, 우리 형제는 학교를 통해 삶을 바라보는 눈을 뜨게 되었다. 사막의 아이들에게 있어 학교에 다닌다는 것은 주어진 의무가 아니라 커다란 행운이다. 나아가 여러 곤경을 딛고 나아가야 하는 일종의 투쟁이기도 하다.

우리 형제는 혈연뿐 아니라 영혼으로도 맺어져 있다. 우리 두 사람이 꾸려 나가는 삶이 한 가지 모습인 건 아니다. 우리의 뿌리는 가족의 야영지가 있는 사막 한 귀퉁이에 존재하지만, 이브라힘에게는 나이저 강가의 한 마을에서 엮어 가는 삶이, 무사에게는 프랑스에서 엮어 가는 삶이 있는 것이다. 그렇다 해도 우리가 공유한 대의는 언제 어디서나 우리를 하나로 이어 주었고, 또 계속해서 결속하도록 해 준다. 우리는 늘 세상을 향해 눈을 뜰 수 있기를 갈망해 왔고, 그러기 위해 교육을 받고자 했다.

우리는 모든 것을 학교에서 얻었다. 우리의 현재는 학교를 통해 얻은 것이고 미래 역시 그럴 것이다. 사실 우리가 자신의 정체성을 탐구하고 잠재된 능력을 계발해 낼 수 있었던 것은 학교 덕분이다. 배움이 없다면 그 어떤 발전도 이루지 못할 것이다.

우리는 우리가 속한 투아레그족 공동체가 고립된 사막생활에서 벗어날 기회를 만들고 싶었다. 유목생활이 위협받는 시대에 처해 이제는 공동체가 새로운 모습으로 거듭나야 한다는 사실을 안다. 우리가 사막의 투아레그족 어린이들을 위한 사막학교를 연 것은 이런 이유에서이다. 어린 시절 우리는 교육을 받겠다는 조금은 무모한 꿈을 품었고, 이 꿈을 이루기 위해 여러 해 동안 싸워야 했다. 하지만 우리는 마침내 이 꿈에 첫발을 내디뎠다. 10월 어느 맑은 날, 아버지가 우리를 가오의 학교에 데려갔던 것이다. 그때 무사의 나이는 열세 살가량, 이브라힘은 열한 살가량이었다.

십 대가 될 때까지 우리가 아는 것이라고는 모래와 목초지, 사막의 고요함과 태양빛, 걸어서 이동하는 일과 천막을 치고 야영하는 일이 전부였다. 그런 우리가 어느 날 학교를 발견한 것이다. 그때까지 우리의 생활은 시민으로서의 의무와는 아무 상관 없는 것이었고, 그랬기에 교실에 발을 들여놓는다는 것은 새로운 삶에 발을 내디딘다는 의미이기도 했다. 그날 아버지는 가슴 뿌듯해하시면서도 불안감을 떨쳐 버리지 못하셨다. 아버지는 우리를 학교에 보내기로 한 것이 유목생활과 멀어지게 하는 일임을 알고 계셨던 게 틀림없다. 이제 우리가 단지 투아레그족, 말리 국민으로서만이 아닌 어떤 낯선 사회의 구성원이 되는 법을 배우게 될 것이고, 또 그 낯선 사회가 바로 우리가 몸담고 살아갈 사회가 될 거라는 사실을 말이다.

우리는 배움을 얻기 위해 싸웠다. 투아레그족 몫의 자리가 아직 마련되지 않은 어떤 세계에 두 발을 딛고 서기 위해 싸웠고, 가르치기 위해, 존재하기 위해, 우리의 공동체를 존속시키기 위해 싸웠다. 우리는 여러 차례의 어려움을 극복해 왔고, 큰 전투들을 성공적으로 치러 냈다. 우리가 세운 사막학교는 그동안 거둔 가장 큰 승리, 전통의 쇄신을 향해 떼어 놓는 첫발자국이다. 또한 자유를 향해 내딛는 첫걸음이다. 오직 교육만이 인간을 해방시켜 줄 수 있기 때문이다.

이 책에 담긴 글은 그런 우리, 사막의 아이로서 우리 형제가 겪은 경험과 '생텍쥐페리 사막학교' 아이들의 이야기, 또한 사막에서 태어난 모든 아이들의 이야기이다. 그리고 찾아가야 할 어떤 꿈에 대한 이야기이다.

〈어린 왕자〉를 만나게 된 다음부터 나도 다른 별들을 탐험해 보고 싶다는 생각이 들었다.
사막을 사랑하려면 우선 사막 밖으로 나갈 수 있어야 한다.

모래 위에 떨어진 한 권의 책

우연과 슬픈 사건 하나가 우리를 학교로 이끌어 갔다. 먼저 우연이 우리 안의 어떤 새로운 호기심을 일깨웠다. 우리는 사막에서 살았고 염소와 양을 치며 하루하루를 보내고 있었다. 책을 본 적도 없었고, 수학이라는 것이 무엇인지도 몰랐다. 심지어 미래에 대해 질문을 던지는 일도 없었다. 우리에게 삶이란 눈앞에 해가 떠오르고, 가축들이 우리를 기다리고, 차가 끓어오르는 것, 그리고 낮 동안 낙타들의 발자국을 따라 이동하는 일이었다.

　그러던 어느 날 파리-다카르 랠리(프랑스 파리에서 출발하여 서부 아프리카 세네갈의 수도 다카르까지 1만 킬로미터 이상을 주파하는 자동차 경주대회. 여정 중에 사하라 사막을 횡단하게 된다 – 옮긴이)를 취재 중이던 한 여기자가 우리의 야영지 앞에 사륜구동 자동차를 멈춰 세웠다. 여기자가 아버지와 이야기를 나눌 때 그녀의 가방에서 책이 한 권 떨어졌다. 무사가 그 책을 집어서 그녀에게 건넸고, 여기자는 무사에게 그 책을 선물로 주었다. 그것은 생텍쥐페리가 쓴 〈어린 왕자〉였다. 그때부터 우리는 저녁마다 그 책을 한 장 한 장 넘기며 시간을 보냈다. 우리는 그 금발머리 소년을 눈앞에 두고 꿈을 꾸었다. 그 소년은 생김새는 우리와 닮지 않았지만 우리처럼 모래언덕들 사이에서 살고 있었다. 때때로 소년이 어떤 다른 별에 있는 그림이 등장했는데, 그걸 보면서 우리도 우리의 별을 갖고 있다는 생각을 하곤 했다. 우리는 그 소년의 사연을 알고 싶었다. 하지만 아무리 들여다보아도 활자들은 그림 맞은편에서 춤을 출 뿐 아무것도 드러내 주지 않았다. 그것은 우리가 혼자 힘으로는 풀 수 없는 수수께끼였다.

우리는 아버지에게 가서 그 소년, 우리와 아주 다르지만 우리가 꾸는 꿈 속의 아이와는 아주 닮은 그의 이야기를 해 달라고 졸랐다. 아버지는 이렇게 답했다.

"나는 글을 읽을 줄 모른단다. 학교에 다닌 적이 없기 때문이지."

그때부터 우리의 머릿속에는 오직 한 가지 생각밖에 없었다. 학교에 가서 글을 배워야겠다는 생각 말이다. 하지만 부모님은 우리를 집에서 떠나보내려 하지 않았다. 우리는 야영지에 남아 가축을 돌보고 가족의 일을 도와야 했다. 뭔가 무척 불공평하다는 느낌이 들었다. 어째서 우리에게는 배움이 허락되지 않는 거지? 무사에게 학교에 가고 싶다는 소망은 일종의 강박관념, 하나의 소명이 되었다. 학교에 간다는 것은 우리 두 사람을 위한 일일뿐 아니라, 우리 공동체의 명예가 걸린 일이기도 했다.

무사 : 〈어린 왕자〉를 만나게 된 다음부터 나도 다른 별들을 탐험해 보고 싶다는 생각이 들었다. 사막에 갇혀 있는 느낌이었다. 사막을 사랑하려면 우선 사막 밖으로 나갈 수 있어야 했다. 육체의 양식만으로는 충분하지 않았다. 내게는 정신의 양식이 필요했다. 그런 사실을 〈어린 왕자〉가 내게 하루하루 일깨워 주었다.

 더 이상 참을 수 없었던 나는 어느 날 밤 가오를 향해 걸어서 떠날 결심을 했다. 가오의 학교에 가기로 마음먹은 것이다. 다음 날 아침 동이 트자마자 나는 낙타가 있는 곳으로 가서 젖을 짜 가죽 주머니에 담고 가오를 향해 걷기 시작했다. 가오까지는 80킬로미터를 가야 했다. 그 먼 거리도 내게는 문제가 되지 않았다. 중요한 것은 오직 나의 목표였다. 가는 도중 갈증으로 쓰러지는 일은 피하기 위해 나이저 강을 따라 길게 뻗은 길을 따라갔다.

 도중에 나처럼 푸른 옷을 입은 한 투아레그인과 마주쳤다. 열여덟 살가량 된 청년이었다. 그가 입은 부부(북아프리카인의 길고 헐렁한 상의 – 옮긴이)는 거의 누더기 꼴이었고, 신발이 다 해진 바람에 땅바닥에 쓸린 두 발에는 피가 맺혀 있었다. 그는 그때까지 열흘 동안이나 혼자 길을 따라가고 있는 중이라고 했다. 우리는 둘다 자신의 꿈을 찾아 나선 사람들이었다. 나는 학교에 가기 위해서였고, 그는 일자리를 찾아 무턱대고 리비아를 향해 떠난 참이었다. 그곳에 가서 돈을 벌어 와서 가축들을 사고 사륜구동 자동차도 한 대 마련하겠다는 것이었다. 그건 수많은 투아레그족 청년들이 꾸는 꿈이기도 했다. 우리 두 사람은 걷다가 배가 고프면 근처 어느 집 마당으로 들어가 토마토를 따 먹었다. 배고픈 여행자는 아무 마당이나 밭에 들어가서 먹을 것을 구해도 좋다는 게 말리에서 통용되는 묵계이다. 그렇지만 여행자는 거기서 당장의 허기진 배만 채워야지 먹을 것을 주머니에 챙겨 넣어서는 안 된다.

꼬박 사흘 동안 걸은 끝에 가오에 도착한 우리는 배가 고파 죽을 지경이었다. 눈앞 허공에 맛난 고깃덩어리가 어른거렸다. 시내 어귀에 뿔닭들이 어슬렁거리고 있는 게 보였다. 종종 야생 뿔닭을 잡아 본 적이 있는 우리는 그 뿔닭들이 가축으로 키우는 것이라는 사실을 모르고 그놈들을 쫓기 시작했다. 뿔닭들을 잡으려다 보니 우리는 제각기 다른 방향으로 달려가게 되었다. 뿔닭들이 몰려 가는 곳으로 무작정 쫓아 들어간 내가 문득 주위를 둘러보니 어느 집 안마당이었다. 그리고 거기 있던 사람들이 모두 나를 쳐다보고 있었다. 그때서야 나는 그 뿔닭들이 야생이 아니라는 걸 알아차렸다. 나는 곧 그곳을 빠져나왔다. 그러나 함께 온 길동무가 보이지 않았다. 길들이 하나같이 비슷해서 어디가 어딘지 종잡기 어려웠고 그와 다시는 만날 수 없게 되고 말았다. 나는 낯선 도시를 혼자 헤쳐 나가야만 했다. 그 도시에서 내가 의지할 표지판이라고는 내 할아버지의 이름뿐이었다.

하지만 도시에서 내 할아버지의 이름을 아는 사람은 없었다. 사막에서는 누구나 내 할아버지를 알았다. 자연히 나는 가오에서도 할아버지의 이름을 대면 사람들이 곧장 내게 할아버지의 집을 손가락으로 가리켜 보일 거라고 생각했었다. 사람들이 내게서 할아버지의 이름을 듣고도 누군지 모르겠다고 대답했을 때, 나는 그들이 나를 놀리는 줄만 알았다. 그렇지만 그들의 표정은 진지하기만 했다. 나는 낭패한 심정으로 장터로 가서 투아레그족이 혹시 있느냐고 물었다. 마침 염소를 팔려고 장터에 나온 한 투아레그족 목동이 있었다. 그 목동이 알려 준 덕분에 할아버지가 계신 집을 찾았다. 할아버지는 내가 지쳐 빠진 모습으로 혼자 들어오는 것을 보고 야영지에서 도망쳐 온 걸로 오해했다. 할아버지가 야단을 쳐야겠다는 생각과 먼 길을 대견하게도 혼자 헤쳐 온 것을 칭찬해 주고 싶은 마음 사이에서 잠시 머뭇거리는 사이 나는 재빨리 할아버지에게 설명했다. 학교에 가려고 찾아왔다는 사실을 말이다. 잠시 아무 말씀이 없던 할아버지가 마침내 대답하셨다.

"네가 있을 자리는 이곳이 아니라 네 가족이 있는 사막이란다. 가족 곁에서 지내면서 어떻게 해야 사람 구실을 할 수 있는지를 배워라. 투아레그족의 전통을 모르는 도시에서는 그걸 배울 수가 없단다."

나는 실망감으로 마음이 내려앉았다. 그렇지만 미소를 띠고 나를 바라보는 할아버지의 얼굴에서 할아버지가 나를 시험하고 있다는 걸 알아차렸다. 할아버지는 학교에 가려는 내 소망이 과연 진심인지 떠보고, 또한 집을 떠나고 싶다는 말을 가족 앞에서 했을 때 가족이 어떤 반응을 보일지를 내게 미리 알려 주신 것이었다. 할아버지는 걱정하는 마음에서 내게 말씀하시기를, 이곳에 있어 봤자 나는 외톨이이고 힘없는 소수라고 하셨다. 사막에서는 우리 한 사람 한 사람이 의미 있는 존재가 된다. 그러나 도시에서 우리는 다른 사람들 사이에 섞인 한 개인에 불과하다. 할아버지는 내게 야영지로 돌아가라고 타이르셨다. 내가 낙심해서 어찌할 바를 모르자 할아버지는 단호하기만 하던 태도를 조금 누그러뜨렸다. 내가 부모의 축복 없이 학교에 가는 것을 허락할 수 없다는 말씀이었다.

마침 자동차에 대추야자 열매를 가득 싣고 부렘으로 가는 상인이 있어서 그 상인이 가는 길에 나를 데려다 주었다. 나는 대추야자 열매 자루들 위에 거의 얹히듯이 올라타야 했다. 자리가 몹시 불편했기 때문에 나는 차라리 차에서 내려 걸어가고 싶었다. 그러나 상인은 나를 혼자 걸어가게 놓아주지 않았다. 그는 나이저 강이 가까운 길가에 나를 내려놓았다. 밤이었다. 달도 뜨지 않은 어두운 밤이었다. 나는 아침이 되기 전에 야영지를 찾을 수 있었다. 부모님은 놀라면서도 노여워했다. 내가 떠난 날 저녁에 부모님은 내 발자국을 따라가 보았었다. 내가 강을 따라 가오를 향해 걷고 있고 누군가 길동무도 있다는 사실을 알게 된 부모님은 마음을 놓고 야영지로 돌아온 터였다.

  나의 가출 사건 이후, 부모님은 오랫동안 이 일을 의논하셨다. 어느 날 저녁 화롯불을 피워 차를 끓이고 있을 때 아버지는 이브라힘과 나에게 약속하셨다. 언젠가는 우리를 학교에 보내 주겠다고 말이다.

  〈어린 왕자〉와의 우연한 만남과 함께 우리 형제를 학교로 인도해 준 또 하나의 계기가 된 슬픈 사건은 어머니의 죽음이었다. 우리 둘은 어머니가 계시지 않는 야영지에 더 이상 머물러 있을 수 없었다. 그래서 가오의 삼촌 집에 가서 얹혀살게 되었다. 그러나 삼촌 집에서 지낸 첫해에는 어머니를 잃은 충격에서 벗어나지 못한 데다 낯선 도시생활에 어리둥절한 터라 학교에 들어갈 엄두를 내지 못했다. 게다가 우리는 가오의 송가이족들이 쓰는 언어를 알아듣지 못했다. 우리는 타마셰크어(베르베르족 방언의 하나로 사막 유목민 투아레그족의 언어 – 옮긴이)밖에 할 줄 몰랐다. 그래서 첫해에는 도시생활, 말하자면 또 다른 문화를 익히는 데 만족해야 했다.

  우리는 아버지, 우리의 지표, 우리의 전통으로부터 멀리 떨어져 있었다. 시련에 맞서 버팀대가 되어 줄 모든 것이 너무 멀리 있었다. 우리는 외로움에 빠졌다. 따돌림으로 상처받고는, 친구도 없이 삼촌 집에 틀어박혀 지냈다. 때때로 학교 문 앞으로 가서 아이들이 웃고 소리치며 축구를 하는 모습을 바라보기도 했다. 그 세계는 우리를 매혹하면서도 동시에 겁먹게 했다. 우리는 그들 사이에 끼어 함께 어울리고 싶으면서도, 또 그러기에는 우리가 그들과 너무도 다르다고 느꼈다.

그곳에서 또 한 해를 맞게 되었을 때 우리는 학교에 보내 달라고 졸랐다. 새로운 생활의 관습과 약호를 배워 어느 정도 적응하게 된 덕분이었다. 또한 우리 형제는 늘 함께 있을 것이기 때문에 결코 외톨이가 되는 경우는 없으리라는 믿음도 있었다. 무엇보다 어머니가 우리 곁을 따라다니며 지켜 주고 있음을 느꼈다.

처음으로 학교에 간 날은 영원히 잊지 못할 기억으로 남아 있다. 마을 공터에서 축구를 하고 있었는데, 아버지가 우리를 데리러 왔다. 자동차를 타고 간다는 것은 보통은 아주 신나는 일이었지만, 그날 우리는 긴장해서 뻣뻣이 굳었다. 아버지는 우리에게 말을 건네며 긴장을 풀어 주려 했지만 우리는 한마디도 할 수 없었다. 그토록 간절히 꿈꿔 왔던 그 만남을 앞에 두고 우리는 겁을 내고 있었다. 꿈이 현실이 되어 눈앞에 나타날 때는 언제나 두려움을 불러일으키는 법이다.

수업이 이미 시작된 참이었다. 교장은 우리의 입학을 환영했는데, 사실 사막의 투아레그족이 이 학교에 들어온 건 처음 있는 일이었다. 선생님은 야트라는 분이었다. 야트 선생님이 우리를 데리러 교장실로 왔다. 우리는 함께 선생님을 따라 교실로 갔다. 학생들이 앉은 자리에서 벌떡 일어나서는 마치 합창을 하듯 한목소리로 외쳤다.

"봉주르, 무슈(안녕하세요, 선생님)."

그건 프랑스어였다. 우리는 깜짝 놀라 몸이 얼어붙었다. 이런 지경에 처하게 되다니 우리가 대체 무슨 짓을 한 건지 후회가 될 정도였다. 우리는 그 아이들이 하는 말을 알아듣지 못했고, 그러니 뭐라고 대답해야 할지도 알 수 없었다. 곧이어 학생들이 말했다.

"주 마수아 에 주 르가르드 르 타블로 누아르(나는 자리에 앉아 칠판을 바라봅니다)."

그 말은 알아들을 수 없는 데다 길기까지 했다. 우리는 점점 더 주눅이 들었다. 우리에게로 쏠린 그 모든 눈길들 앞에서 어찌할 바를 몰랐다. 선생님이 교실 한쪽 구석을 가리키며 우리에게 가서 앉으라고 했다. 그러나 다리가 너무 떨려서 걸음을 떼어놓을 수가 없었다. 그 순간이 오기를 그토록 소망해 왔는데, 정작 그때가 되자 당황해서 기쁨을 맛볼 정신도 없었다.

그 시련의 순간에도 우리 형제가 함께 있다는 사실에서 힘을 얻을 수 있었다. 우리는 서로의 얼굴을 바라본 뒤 마음을 굳게 먹고 자리로 가서 앉았다. 그러나 다른 학생들은 우리가 다가가자 곧장 밀어냈고 우리가 괴상한 짐승이기라도 한 양 쳐다보았다.

사실 우리는 의자에 앉는 방식부터가 그들과 달랐다. 우리는 지금까지 맨바닥에서 생활해 온 터라 의자라는 것에 엉덩이를 걸치는 자세에 익숙하지 않았다. 그렇게 걸터앉아 있으려니 불편했다. 우리는 의자 위에서 계속 몸을 뒤척였다. 발을 의자 위로 접어 올렸다 다시 내려놓았다 하면서 편한 자세를 잡으려고 애썼다.
 우리가 그들과 다르다는 사실이 그 어느 때보다 더 뚜렷이 느껴졌다. 그 아이들은 송가이족이었다. 그들은 강가에서 자랐고, 그들의 부모는 강에서 물고기를 잡거나 장사를 했다. 그들도 가난하기는 우리와 마찬가지였지만 부족 전체로 보면 부유했다. 그들은 눈을 열어 삶을 바라보기 위해서 자신들이 지닌 가치기준이나 행동지침 전부를 부술 필요가 없었다. 우리가 쓰는 타마셰크어는 이곳에서는 쓰이지 않았다. 송가이어와 프랑스어만이 통용되고 있었다. 학교에서도 이 두 언어만 가르쳤다. 사물들이 우리에게 던져 주는 의미도 아주 달랐다. 어떻게 해야 그들과 소통할 통로를 만들 수 있을까? 송가이족 아이들은 물속에서 헤엄을 치며 놀았다. 그러나 우리에게 물은 여전히 소중하고 귀한 것으로 남아 있었다. 어느 날 선생님이 우리에게 칠판을 닦을 물을 길어 오라고 시켰다. 우리는 양동이 바닥이 겨우 잠길 정도의 물만 담아 왔다. 우리는 그 정도의 물이면 충분하다고 생각하고 있었다. 교실의 학생들 모두가 우리를 놀려 대며, 아직도 사막에 있는 줄 아느냐고, 이제는 촌뜨기 꼴을 좀 벗어 보라고, 겨우 그만큼의 물로 무얼 할 수 있겠냐고 말했다. 그들은 우리가 담아 온 물을 마당에 쏟아 버리고 다시 양동이 하나 가득 물을 길어 왔다. 우리는 칠판 하나를 닦자고 어떻게 물을 그처럼 헤프게 쓸 수 있는지 이해할 수 없었다.

우리는 어떻게든 궁지에서 벗어나고 싶었다. 그 사회에 끼어들고 싶었다. 어머니를 잃은 슬픔을 이겨 내고, 또 그들과의 차이로 인한 갈등도 이겨 내고 그 사회 속에 꿋꿋이 자리 잡고 싶었다. 그 소망이 아주 간절했던 덕분에 우리는 얼마 지나지 않아 학급에서 최고 성적을 거두었다. 일등 자리를 차지했어도 학생들로부터 촌뜨기 야만인으로 따돌림을 당하는 건 여전했다. 그러나 우리는 선생님에게 인정받기 위해 최선을 다했다. 미친 듯이 공부했고 더 뛰어난 성적을 올리기 위해 온 힘을 쏟아부었다.

삼촌 집의 사촌들 중에도 학교에 다니는 사람은 아무도 없었다. 가족(투아레그족에게 가족이란 일가친척까지 포함되는 대가족을 의미한다 – 옮긴이)은 우리의 삶을 이해하지 못했다. 학교에서든 가족 안에서든 우리는 남들과 다른 외톨이였고, 오로지 우리 둘뿐이었다. 사촌들은 우리가 송가이족처럼 살고자 한다고 빈정거렸다. 우리가 공부에 기울이는 정성은 하찮게 취급되었다. 그렇지만 우리는 실력을 쌓아 나갔다. 그 어떤 어려움도 공부를 하고자 하는 우리의 의지를 꺾지 못했다. 밤에는 램프가 없어서 글을 읽고 쓰기 어려운 상황이었다. 그래서 우리는 거리로 나가 가로등 불빛 아래에서 숙제를 했다. 하지만 서럽다는 생각은 들지 않았다. 무엇인가 중요한 일을 하고 있다는 확신이 가슴속에 있었기 때문이었다.

그렇기는 해도 몇 시간 동안이나 꼼짝도 않고 의자에 앉아 있기란 무척이나 고역이었다. 염소 꽁무니를 쫓아 뛰어다니면서 자란 우리들인데, 별안간 책상을 앞에 놓고 못 박힌 듯이 붙잡혀 있어야 했던 것이다. 기회만 오면 우리는 교실 앞으로 달려 나가 칠판을 닦았다. 아이들이 비웃었지만 그렇게 해서라도 움직이고 싶었다. 그 어떤 경우든 틈만 나면 옳다구나 하고 몸을 움직이고 겅중겅중 뛰어다녔다. 우리의 혈관에는 유목민의 피가 흐르고 있어서 한자리에 가만히 붙어 있을 수 없었다.

우리는 학교에서 교복을 입지 않는 유일한 학생이었다. 교복을 구입할 돈이 없었던 것이다. 말하자면 우리는 가난한 처지를 훤히 드러내고 다니는 셈이었다. 교복을 입지 못해 학교에서 쫓겨날 상황이 되자 여러 사람이 나서서 선처를 호소했다. 덕분에 우리는 교복을 입지 않고도 학교에 다닐 수 있었다. 그렇지만 사실 우리에게도 교복은 필요했다. 교복을 입었더라면 학교라는 세계에 좀 더 쉽게 융화될 수 있었을 것이다. 적어도 그 집단의 일원이라는 느낌, 다른 아이들과의 동질성을 얻을 수 있었을 것이다. 2년째 되던 해, 마침내 아버지는 염소 한 마리를 팔았다. 우리가 다른 학생들과의 이질감에 시달리지 않도록 하기 위해서였다.

아이들은 끊임없이 우리를 때리고 욕설을 퍼붓곤 했다. 그들은 우리가 '투아레그족인 주제에' 학급에서 일등을 차지하는 것을 참을 수 없어 했다. 정치 상황도 문제를 더욱 악화시켰다. 투아레그족 항쟁(투아레그족이 말리 정부의 부족 차별에 저항해 분리 독립을 요구하며 일으킨 무력 저항운동. 1989년 시작되어 1992년 무렵 과격한 게릴라전으로 확대되었다가 1996년 종결되었다 - 옮긴이)이 일어나 투아레그족과 정부군 사이의 전투가 점점 더 격화되고 있었는데, 정부군에는 송가이족 병사들도 있었다. 아이들에게 우리는 이방인일 뿐만 아니라 적이기도 했던 것이다.

가오에서 몇 해를 보내는 동안 방학을 맞아 야영지로 돌아가면 우리는 그사이 배운 것들에 자랑스러움을 느꼈다. 그래서 우리는 선생 역할을 떠맡아 야영지의 아이들에게 글 읽는 법을 가르쳐 보았다. 우리가 할 수 있는 것을 가족에게 보여 주고 또 가족과 함께 나눌 수 있다는 걸 기뻐하면서 모래 위에 글자를 써 보이곤 했다. 우리가 늘어놓는 이야기를 식구들이 정말로 이해한 것은 아니었다. 하지만 식구들은 새롭게 불어와 사막의 단조로운 생활을 흔들어 놓는 산들바람을 반기듯이 우리의 말에 귀 기울여 주었다. 사막의 생활이란 지극히 평온하지만 그 한결같음이 때로는 지루하게 느껴지기도 하는 법이다. 우리는 성적표를 집으로 가져가서 아버지에게 보여 드리곤 했다. 아버지는 그렇게 높은 성적을 얻기 위해 우리가 얼마나 큰 노력을 쏟아부어야만 했는지를 그리

실감하지 못했지만 그럼에도 우리를 자랑스럽게 여겼다. 우리를 자랑스러워한다는 것, 우리는 그것만으로 충분했다.

투아레그족 항쟁이 가오까지 번져 난폭한 무력 사태가 벌어졌다. 우리의 안전도 더 이상 장담할 수 없는 상황이었다. 아버지는 우리를 야영지로 데려가려 했다. 그렇지만 우리는 공부를 포기할 수 없었다. 무슨 일이 있더라도 계속해서 배우고 싶었다.

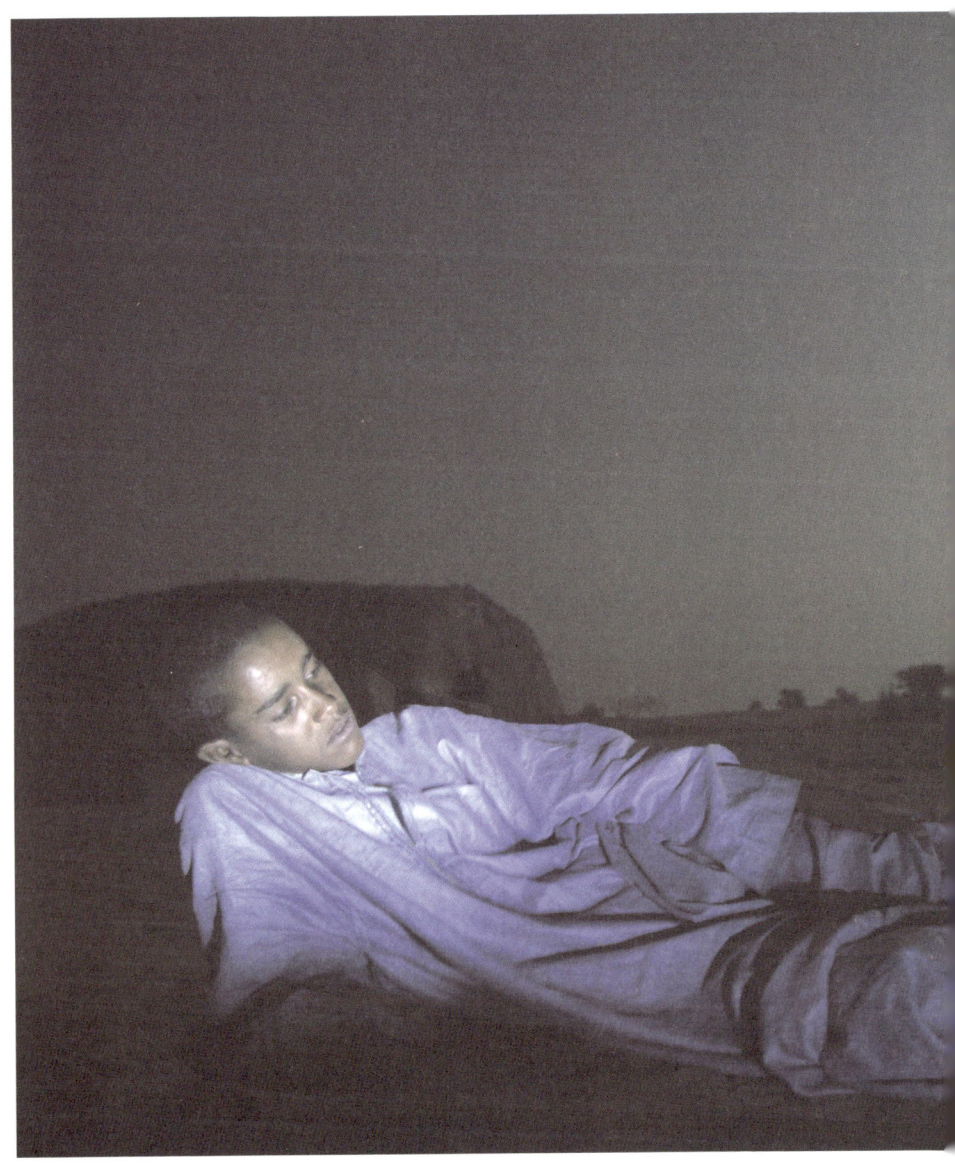

삶은 우리에게 쉼 없이 성장하라고 한다. 자신을 유년에 가두어 놓는 관계들은 벗어던지라고 재촉한다. 우리는 우리의 삶이 어떠한 모습이기를 바랐고, 이제 우리가 선택한 그 삶을 살고 있다.

삶이 내게 미소 짓도록

타보예

타보예는 나이저 강가에 자리 잡은 송가이족의 작은 마을이다. 이 마을 바깥은 바로 사막으로 이어진다. 타보예는 두 세계가 마주치는 교차점이다. 한쪽은 강의 세계로 사람들은 그 강에서 물고기를 잡아 생활하고, 다른 한쪽은 사막의 세계로 사람들은 가축을 키워 생활한다. 일요일이 되면 투아레그족은 타보예의 장터로 와서 염소와 낙타를 팔고, 대추야자와 쌀, 굵게 빻은 밀가루를 사서 다시 사막으로 돌아간다.

타보예의 학교로 옮겨 옴으로써 우리는 삶의 뿌리와 그리 멀리 떨어지지 않은 곳에서 지내게 되었다. 그러나 투아레그족이 타보예에 자리 잡고 살아가는 경우는 없다. 그저 들르기만 할 뿐이다.

투아레그족의 땅은 사막이다. 그러니 이번에도 마찬가지로 우리는 타보예의 유일한 투아레그족이었다. 우리는 초급 과정의 마지막 학년이었지만, 모든 것을 새로 시작해야 했다. 그 사회에 끼어들기 위해 싸워야 했다. 우리의 자리를 얻기 위해 두드러진 모습을 보여야 했다. 그들과의 차이점을 상쇄하기 위해 가장 우수한 성적을 거두어야 했다.

우리가 사는 야영지는 타보예에서 15킬로미터가량 떨어져 있었다. 우리는 동이 틀 때 일어나 떠오르는 해를 바라보며 학교로 가서 어두워지기 전에 돌아오곤 했다. 처음 며칠은 아버지가 우리를 낙타에 태워 데려다 주면서 길을 익히도록 했다. 아버지는 우리에게 방향을 읽는 법을 가르쳐 주었다.

"이 나무가 기울어진 쪽이 남쪽이란다. 사막에서는 바람이 언제나 북쪽에서 남쪽으로 부니까 말이다. 모래언덕들도 같은 방향으로 기울어져 있지. 혹시라도 방향을 잃게 되면 자연의 모습을 유심히 살펴라. 그러면 틀림없이 길을 찾아낼 수 있을 거다."

아버지의 도움 없이 우리끼리만 학교에 가던 첫날, 우리는 자부심으로 우쭐해하면서도 한편으론 불안했다. 그것은 어떤 면에서는 불을 견뎌 내는 시험, 말하자면 어른이 되기 위한 통과의례였다. 사막에서 혼자 길을 찾아갈 수 있다는 것은 그가 진정한 투아레그족임을 말해 준다. 그렇게 스스로 길을 찾아 타보예에 도착하자 크나큰 해방감이 밀려왔다. 이제 우리는 그 누구의 도움 없이도 학교에 갈 수 있게 되었다. 마침내 스스로 운명의 주인이 되었다는, 맹랑하면서도 벅찬 느낌이 가슴에 차올랐다.

우리는 새벽 다섯 시에 집을 나서서 일곱 시 삼십 분에 타보예에 도착하곤 했다. 수업이 끝나는 오후 세 시 무렵에 다시 집을 향해 출발하면 해가 지기 직전에 야영지로 돌아올 수 있었다. 수업 중에 한자리에 꼼짝도 않고 붙어 앉아 있는 게 문제였는데, 우리는 마침내 그 일에도 성공했다.

어느 날 학교에서 돌아오는 길에 사막의 모래폭풍을 만났다. 항상 방심하지 않고 자연을 살피는 사람은 모래폭풍이 다가올 때 자연이 알려 주는 징후들을 미리 알아차리는 법인데, 우리는 발걸음을 재촉하느라 먼 하늘의 변화에 미처 주의를 기울이지 못했다. 자신감에 차 있던 나머지 깜빡 방심했던 것이다. 폭풍이 얼마나 거센지 우리는 바람에 날려 가지 않으려고 나무를 부둥켜안고 버텨야만 했다. 그 세찬 바람에 휩쓸렸다가는 자칫 목숨을 잃을 판이었다. 밤이 되었다. 바람은 잠잠해졌지만 모래를 가득 머금은 대기가 우리 앞을 가로막고 있었다. 방향을 알려 주는 모든 지표가 모래폭풍 때문에 지워지고 없었다. 모래가 하늘을 덮어 별들도 보이지 않았다. 이럴 때는 그 자리에서 움직이지 말고 기다리는 것이 유일한 해결책이라는 걸 우리는 알았다. 기다리다 보면 아버지가 우리를 찾아낼 수 있을 터였다. 투아레그족이라면 자연이 보내오는 메시지를 읽는 것을 넘어 본능적으로 자신의 사막을 알게 되는 법이다. 힘든 상황에서도 졸음이 밀려왔다. 깜박 선잠이 들었을 때 낙타 울음소리가 들려왔다. 아버지였다.

마지막 학기를 맞아 우리는 한층 더 많은 시간을 공부에 쏟아부어야 했다. 그러다 보니 매일 꼬박꼬박 야영지로 돌아가는 것은 무리였다. 우리는 폐가 상태로 방치된 한 가겟방을 이용했다. 계산대 뒤에서 잠을 자면 바람을 피할 수 있었다. 우리가 이 초라한 피난처에서 지내는 걸 알게 된 선생님은 자신의 집에 와서 자는 게 어떻겠냐고 말했다. 선생님은 우리가 다가오는 시험을 착실히 준비할 수 있도록 도와주었다. 선생님이 우리에게 베풀어 준 관심과 자상함은 이제까지 우리가 경험하지 못한 것이었다. 교사가 자신이 가르치는 학생의 인생에서 얼마나 중요한 역할을 할 수 있는지 이해하게 된 것은 그때였다. 교사는 아버지의 자리를 완전히 대신할 수 있는 건 아니라 해도, 거의 아버지와 같은 영향을 끼칠 수 있다.

그해 말, 야영지는 타보예에서 좀 더 멀리 떨어진 곳으로 이동했다. 집과 학교 사이를 매일 오가기란 불가능했다. 가족과 떨어져 지내는 건 슬펐지만 그래도 우리는 또 한 번 가족 없이 마을에 머물러야 했다. 우리는 한 어부의 집에서 지냈다. 그 집은 전체가 방 한 칸짜리였는데, 어부는 그 방 안에 강에서 잡은 물고기 수백 마리를 널어 말리곤 했다. 우리는 물고기가 싫었다. 그런 양식거리에 적응이 되지 않았다. 생선은 우리의 생활양식과 문화에 낯선 음식물이었다. 생선에서 풍기는 비린내가 속을 메스껍게 했다. 게다가 다른 먹을거리가 영 없어서 마음의 각오를 단단히 하고 그걸 먹을 때면 생선가시가 어김없이 입안과 목구멍을 찔러 댔다. 우리는 그 죽은 물고기들로부터 조금이라도 달아나고 싶어서 작은 마당에 서 있는 나무 밑에 자리를 펴곤 했다. 그 나무는 외로운 우리의 벗이 되어 주었다.

이브라힘 : 타보예 학교의 교장은 정치적 견해가 대립된다는 이유로 아버지를 미워했다. 교장은 기회만 있으면 쉴 새 없이 나를 구박하고 괴롭혔다. 하루는 발을 다치고 말았다. 피가 많이 흘렀다. 발로 땅을 디딜 수 없을 만큼 심한 상처인 데다가 다친 부위가 곪는 바람에 몸에 열까지 났다. 그날 우리는 벽돌을 만들어야 했다. 교장은 내 상처에는 아랑곳없이 나도 일을 하라고 했다. 그는 나에게 삽 한 자루를 떠안겨 진흙탕 안으로 밀어 넣으면서 말했다.
"일해!"
나는 몸을 일으키면서 대답했다.
"일을 할 수가 없어요. 지금 제가 많이 아픕니다."
그러자 여러 명이 달려들어 나를 때리려고 했다. 나는 손에 든 삽을 휘둘러 그들이 다가오지 못하게 막았다. 그들은 뒤로 물러섰고 나는 그 자리를 떠났다. 다음날 아침 학교에 가 보니 내 사물함이 부서져 있었다. 학교에서 쫓겨났던 것이다. 아버지가 타보예로 올 때까지 나는 일주일을 기다렸다. 장을 보러 온 아버지가 야영지로 돌아가는 길에 나를 다시 데려가야 했다. 그러나 우연의 도움으로 그 일주일이 끝나는 날 다른 사람이 교장으로 임명되어 왔다. 새로 온 교장은 투아레그족이었다. 우리 학급에는 쫓겨난 나 말고 다른 투아레그족은 한 명도 없었다. 교장은 즉시 나를 보듬어 다시 학교에 다니게 했고, 내 사물함을 수리하도록 도와주었다. 뿐만 아니라 자신의 새로운 업무를 도와줄 조수 일을 나에게 맡기기까지 했다.

이제 처음으로 우리는 공부에서뿐 아니라 학교생활에서도 위치를 인정받게 되었다. 마침내 더 이상 배척받을 염려가 없어진 것이었다. 그때 우리 가슴에는 어떤 새로운 감정이 차올랐다. 바로 자신감이었다. 스스로 땀 흘려 얻은 자신감 말이다. 그것은 오직 우리 자신의 힘으로, 우리가 공동체 밖으로 나와서도 가치 있는 존재임을 입증해 보이기 위해 열심히 노력한 대가로 얻은 자신감이었다. 이루지 못할 일은 없다. 해 보지도 않고 미리부터 주눅이 들어 웅크리고 있으면 아무것도 얻지 못한다. 믿을 수 있는 것이 자신의 의지밖에 없더라도 열심히 노력하다 보면 마침내 어느 날엔가는 작은 빛이 보이는 법이다.

부렘

우리는 중학교에 진학했다. 마침내 타보예 사회에 통합되어 그곳 사람들을 제2의 가족으로 얻은 참에 타보예를 떠나야 하게 되었다. 또 한 번 성장해야 할 시간이었던 것이다. 우리는 부렘으로 향했다. 부렘은 타보예보다 훨씬 큰 마을인 데다 우리가 아는 사람이 아무도 없었다. 모든 것을 다시 시작해야 했다. 더구나 우리 사막 부족이 염소를 팔기 위해 일주일에 한 번 장터로 오곤 하는 타보예와는 달리 부렘은 사막의 우리 공동체가 들를 일이 없는 곳이었다. 우리는 처음으로 친척 누군가에게 의지하지 않고 생활하게 되었다. 부렘의 중학교에는 다른 투아레그족 학생들이 있었지만, 그들은 집이 근처에 있어서 가족과 함께 살았다. 사정이 그렇

다 보니 사람들은 우리가 고아일 거라고 생각했다. 사실 투아레그족 젊은이가 자기 공동체와 멀리 떨어져서 생활하는 경우는 결코 없다. 또 한 번 우리는 배척받는 느낌, 우리가 그들과 다르다는 느낌을 맛보아야 했다.

무사 : 내가 부렘의 학교로 떠날 때 아버지는 당신의 뜻을 내게 밝히셨다. 가족 가운데서 학교에 다니는 사람은 앞으로도 나와 이브라힘이 유일할 거라고 말이다. 당신도 이제 나이가 들었으니 나머지 아이들은 야영지에 남아 일손을 보태야 한다는 게 이유였다. 나는 열네 살가량 된 누이동생이 얼마 후 결혼하게 되었다는 사실을 곧 알아차렸다. 그동안 나는 누이동생도 학교에 다닐 수 있도록 허락받으려고 애써 오던 중이었다. 나는 장남으로서 내게도 가족의 일에 대한 발언권이 있다고 생각했다. 그러나 전통과 맞서기란 쉽지 않은 법이다. 학교에 다니는 행운은 나와 이브라힘 둘에게만 주어질 거라는 사실을 알게 되자 우리의 의지는 한층 더 단단해졌다. 우리는 보람 없이 삶을 낭비해서는 안 되며, 반드시 빼어난 결실을 맺어야 한다는 점도 의식하게 되었다. 우리를 학교에 보내기 위해 아버지와 남동생들과 여동생들이 감내한 희생은 단지 우리가 가족에게 경제적으로 큰 짐을 지운다는 문제를 뛰어넘는 것이었다. 가족에 대한 미안함이 우리로 하여금 무슨 문제든 스스로 헤쳐 나가는 법을 배우도록 한 것이다.

새로 주어진 환경에서 우리의 자리를 얻기 위해 우리는 또 한 번 모든 노력을 바쳐 수석의 성적을 거두었다. 그것이 우리의 존재를 정당화하는 유일한 방법이었다. 하고자 하는 의지와 성실성을 보임으로써 선생님들도 우리를 인정하게 되었다. 우리는 모든 힘을 공부에 쏟아부었다. 붙잡을 끈은 그것밖에 없었다. 공부는 우리를 지켜 줄 보루이자 우리가 이 유배 생활을 선택한 이유였다. 우리의 열의를 확인한 선생님들은 이번에도 우리를 조수로 임명해 학교 일을 돕게 했다. 우리는 선생님이 자리를 비운 시간에 선생님을 대신해서 학생들을 감독했고, 교무회의 자리에도 들어갔으며, 성적이 떨어지는 학생들의 공부를 도와주기도 했다. 그런 덕분에 우리는 아주 일찍부터 학교생활이 어떻게 구성되는지, 어떤 방식으로 일을 꾸려 나가야 할지를 배울 수 있었다.

한 아주머니가 자신의 집에 우리를 공짜로 재워 주었다. 하지만 음식까지 얻어먹을 수는 없었다. 아버지의 친구 가운데 한 사람이 때때로 우리를 배불리 먹여 주었는데, 우리는 그분 집으로 가서 식사를 해결할 때가 많았다. 그럴 수 없을 경우에는 월요일과 금요일마다 편지나 서류를 대신 써 주는 일을 해서 받은 돈으로 먹을 음식을 샀다. 그런 수입 덕분에 노트와 연필도 살 수 있었다. 우리는 독립해서 살아가는 방법을 배워 나가고 있었던 것이다.

그렇지만 이 시기의 정세는 여전히 위태로웠다. 투아레그족 항쟁이 한창 진행되는 중이었다. 투아레그족 청년들은 저항군에 가담하려고 모두 집을 떠나고 있었다. 우리도 합류하라는 제안을 여러 차례 받았다. 그렇지만 우리는 거절했고, 학교에 가기 위해서가 아니면 은신처 밖으로 나오지 않고 숨어 지냈다. 투아레그족들은 하나둘 야영지로 돌아가거나 투쟁에 합류하러 떠나서 거의 남아 있지 않았다. 우리는 점점 더 심한 따돌림을 받았다.

절망감을 느낄 만큼 힘든 시간이었다. 그럼에도 학교를 그만둬야겠다는 생각은 전혀 들지 않았다. 배움을 위해 몇 해 동안이나 힘들게 싸워 왔는데 거기서 멈출 수는 없는 일이었다. 우리가 정말로 외톨이라는 느낌이 들 때면 마을을 벗어나 사막으로 들어가곤 했다. 사막에 가서는 큰 나무 아래 앉아 그 나무와 이야기를 나누었다. 그 나무를 향해 우리가 배운 것, 우리의 고민, 우리가 얻은 기쁨들을 털어놓곤 했다. 그러면 사막의 고요함 속에서 어머니의 목소리가 들려와 용기를 다시 북돋아 주었다. 언제나 사막은 우리에게 어머니에 대해 말해 준다. 어머니가 사막을 통해 우리에게 말을 건네 오는 것이다.

부렘에서 지낸 시간은 하루하루가 힘겨웠다. 우리는 그곳에서 이방인이면서도 사람들에게 둘러싸여 있었다. 가족과 떨어져 외롭게 지냈지만, 그런 우리 가까이에는 그곳의 투아레그족들이 있었고 그들은 우리가 처한 상황에 무관심했다. 한동안 무사를 집에 받아들여 재워 준 한 가족(아가탐의 가족)만은 예외였는데, 그들은 투아레그족 저항군에 합류하기 위해 떠났다. 부득이한 사정으로 우리는 점차 신중하게 처신하는 법을 배웠다. 우리 자신만을 믿으면서 자신의 삶을 스스로 지켜 나가는 법을 배웠다. 외톨이라는 처지는 이렇게 선택의 자유를 배우고 지켜 낸 대가로 치른 비용이었다.

무사 : 이듬해 이브라힘은 부렘에 계속 남아 있고 나는 안손고로 떠났다. 그해는 배움을 향한 우리의 투쟁이 격렬하고도 풍요했던 해였다. 당시 말리의 학생들은 독재자 대통령 무사 트라오레(1968년 군사쿠데타로 정권을 장악하였으나 1991년 국민들의 민주화 시위가 격화되는 가운데 투레에 의한 군사쿠데타로 물러났다 – 옮긴이)의 통치에 반대하여 봉기했는데, 나는 공부에 대한 열망에도 불구하고 이 학생저항운동에 가담했다. 나는 장관에게 편지를 써서 학교 시설의 열악함과 물자 부족, 교육 내용의 부실함을 고발했다. 나는 이 학생저항운동의 주동자였다. 우리가 벌인 저항운동은 효과가 있어서, 그해만 해도 교장이 네 번 바뀌었다.

무척 긴장된 상황이었다. 사람들은 일개 투아레그족이 어떻게 국가의 정치 문제에 개입할 수 있는지 이해하지 못했다. 나는 다음과 같은 말을 귀에 못이 박이도록 들어야 했다.

"네 자리는 브루스(아프리카의 건조한 가시덤불 지대 – 옮긴이)이지 이곳이 아냐."

말리에서는 사막을 '브루스'라고 부른다. 아프리카 여러 나라에서는 도시가 아닌 곳은 모두 브루스이다…….

새로 온 교장들은 내가 학생들의 봉기를 선동했다는 이유로 나를 미워했다. 사실 내가 학교 내의 순종적이고 무기력한 태도를 흔들어 놓긴 했다. 그렇지만 그렇게 해서 불러일으킨 저항의 분위기를 정착시키기란 불가능했다. 그해 내가 아버지의 얼굴을 본 것은 딱 한 번뿐이다. 그래도 나는 이미 성장하는 법을 알고 있었다. 또한 내게도 마침내 친구들이 생겨 그들과의 우정을 쌓아 나가게 되었다.

그해 가장 힘들었던 일은 우리 형제가 떨어져 지낸 일이었다. 살아오면서 처음으로 우리는 함께 지낼 수가 없었다. 우리 두 사람은 형제이자 동료이며 서로의 고민을 들어주는 상담자이자 친구이다. 사실 어떻게 보면 우리는 혈연관계를 넘어 서로가 서로를 선택한 것이다. 우리에게 힘이 있다면 그것은 우리가 혼자가 아니어서이다. 그런 만큼 우리는 바마코(말리의 수도 - 옮긴이)로 가서 다시 함께 지내기로 결심했다. 그곳에 가서 함께 학업을 끝마치기로 말이다.

바마코

바마코에서는 큰 집을 가진 한 사촌형에게 얹혀 지냈다. 한집안 사람인 만큼 그는 우리 형제를 내칠 수 없었다. 그렇지만 그가 우리를 흔쾌한 마음으로 받아 준 건 아니었다. 사촌형의 어머니인 나나 고모가 우리를 감싸 주었다. 관리로 일하는 사촌형은 명석하지만 냉정한 사람이었다. 우리를 집에 재워 주기는 해도 공책이나 책이나 연필을 사는 비용까지 도와줄 수는 없다고 못 박았다. 일전 한 푼 없는 처지인 우리는 학업을 계속하기 위해 마치 실제 전투를 벌이듯 열심히 일했다. 자동차를 닦았고, 아침저녁으로 꼬박꼬박 양들에게 먹이를 주었고, 가축들 먹일 풀을 베어 왔고,

장을 봐 오는 일까지 맡아 했다.

  우리는 학교 공부를 따라가면서 사촌형이 시키는 일도 해내야 했다. 그런 터라 약간의 돈을 벌기 위해 이런저런 소소한 일까지 하자니 공부할 시간이 나지 않았다. 우리는 다른 집에 가서 도움을 청해 보곤 했다. 사촌형은 우리가 다른 집에 드나드는 것에 몹시 화를 냈다. 그건 자신의 위신이 걸린 문제였던 것이다. 그러면서도 우리에게는 그런 종류의 위신을 지킬 방법을 마련해 줄 생각이 없었다. 당시 우리가 처했던 곤경은 그럼에도 불구하고 우리를 성장하게 해 주었다. 어려움이 있어도 무너지지 않고 그 어려움을 이겨 내는 방법을 가르쳐 주었으니 말이다. 사촌형은 그 나름의 방식으로 우리에게 삶의 냉정함을 가르쳐 준 셈이었다. 그것이 그가 우리를 사랑하는 방식이었다. 사촌형 역시도 역경을 이겨 내고 성공한 사람이었고, 그런 터라 우리를 굳센 사람으로 만들기 위해 자신이 경험한 삶의 가혹함을 우리에게도 경험하게 해 준 것이다. 물질적 결핍보다도 이겨 내기 어려운 장애물이란 자신을 사랑해 주는 사람이 부과하는 구속을 참아 내는 일이다.

  바마코는 서로 다른 문화와 부족이 혼합된 도시이다. 그런 만큼 우리도 소수 부족에 따르는 차별을 면할 수 있었다. 우리는 마침내 다른 학생들과 동등한 위치를 얻었다. 우리의 재능만으로 평가받을 수 있게 된 것이다. 하지만 몸과 육체가 너무 지친 탓에 공부에 집중하려 해도 힘이 달렸다. 그 와중에도 중요한 목표를 향한 우리의 의지는 여전했다. 무슨 일이 있어도 대학입학 자격을 얻겠다는 의지 말이다.

무사 : 안손고에서 있을 때 나는 말리학생총연합에 가담했었는데, 바마코에 와서도 이 조직 활동을 계속해 나갔다. 우리는 학생으로서의 권리를 수호하고자 했다. 말리의 고등학생들과 대학생들이 학업 조건을 개선시키기 위해 단결한 것이다. 사실 우리의 학업 환경은 기본 시설이나 학습 여건에서 큰 문제점들을 안고 있었다. 강당도 없었고, 교사의 수도 충분하지 않았으며, 운동장도 없었다. 우리는 대학이라는 이름에 걸맞은 학교를 갖기 위해 투쟁했다. 외국 유학을 위한 장학금은 부잣집 자식들에게만 주어졌다. 대학생들을 위한 기숙사도 없었고, 대학생 거주 구역이나 학생 식당도 갖춰지지 않았다. 어떤 학교들은 차를 타고 가야만 하는 곳에 있었는데도 일반 학생들을 위한 교통수단이 마련되지 않은 상황이었다.

나는 학생총연합 내에서 적극적으로 활동했다. 학생들을 격려하여 바리케이드를 세우고 폐타이어에 불을 붙이는 데 앞장섰다. 경찰에 쫓기게 되자 우리는 화장실에서 모임을 갖곤 했다. 어느 날 우리 조직에 스파이들이 침투했다. 군인과 경찰들이 우리를 포위했고, 모두 마흔여섯 명이 체포됐다. 이후 우리는 열하루 동안 헌병대 안에 갇혀 있었다. 앞에 어떤 운명이 기다리는지 예측

할 수 없던 막막한 시간들이었다. 찾아오는 사람과의 면회도, 그 어떤 사유의 외출도 금지당한 채 외부와 완전히 격리되어 지냈다. 헌병대 매점 안 맨바닥에 누워 잠을 잤는데 공간이 충분치 않아서 짐을 쌓듯이 서로 몸을 포개야 했다. 그렇지만 그곳에서 풀려난 후에도 우리는 계속해서 투쟁했다.

힘겨운 4년의 시간이 지난 후 사촌형은 집을 옮겼다. 그가 이사해 간 곳은 학교에서 거리가 너무 떨어져 있어서 우리는 계속해서 사촌형에게 얹혀살기가 어려웠다. 이제 그만 자립해야 할 시기이기도 했다. 하지만 그러려면 우리 형제는 또다시 떨어져 지내야 했다. 삶은 우리에게 쉼 없이 성장하라고 한다. 자신을 유년에 가두어 놓는 관계들은 벗어던지라고 끊임없이 재촉한다.

이브라힘 : 이 대도시에 혼자 남겨지자 나는 겁이 났다. 든든하고 믿음직하게 곁을 지켜 주던 형 없이 이제 혼자서 길을 헤쳐 나가야 했다. 하지만 일단 발걸음을 떼어 놓으면 길은 보이기 마련이다. 사촌의 집에서 나왔을 때 나는 니콜을 만났다. 니콜은 프랑스인이지만 할머니가 투아레그족인 이드나네 부족 사람이었다. 우리처럼 말이다. 니콜은 마침 코트디부아르에 와서 일해 달라는 제안을 수락한 참이어서 나에게 자신의 집을 내주었다. 안뜰이 있고, 수도와 전기도 들어오는 집이었다. 니콜과 만난 일은 하나의

기적이었다. 나는 그것이 늘 내 곁에 함께하는 어머니가 나를 격려해 준 징표라는 생각이 든다. 니콜은 바마코로 돌아올 때마다 내가 자신의 가족과 함께 지내며 가족의 일원이 되도록 해 주었다. 마음으로 맺어진 가족만이 진정한 가족인 법이다.

내 마음 깊은 곳에는 어머니가 나를 보호해 주고 있다는 든든함이 자리 잡고 있었지만, 그럼에도 그 텅 빈 큰 집에서 처음으로 밤을 맞게 되자 불안감이 밀려 왔다. 투아레그족은 결코 혼자 떨어져 지내지 않는다. 그것은 투아레그 문화를 거스르는 일이다. 사막에서 생활하면 고독을 찾으려는 마음은 사라진다. 그와 반대로 사막에서는 비록 낮 동안에는 각자 자신의 일에 몰두하지만 저녁이면 함께 모여 서로의 온기를 나눈다. 언제나 밤은 마음을 다독여 주고 평온하게 해 주는 존재와 함께 있는 시간이다. 그날 밤은 내가 살아오면서 처음으로 혼자서 보낸 밤이었다.

나는 주머니에 돈 한 푼 없이 혼자 생활을 꾸려 나가야 할 처지였다. 예전처럼 배를 곯는 일이 생길지 몰라 두려웠다. 뜬눈으로 밤을 지새운 뒤 나는 결심했다. 구걸을 해서 빵을 얻으니 차라리 굶어 죽겠노라고 말이다. 그로부터 이틀 동안 나는 의기소침한 채 앞날에 대한 고민에 빠져 지냈다. 누군가에게 손을 벌리게 될까 봐서 외출할 엄두도 나지 않았다. 그러다가 결국 용기를 내서 우체국으로 갔다. 그곳에서 어떤 사람을 위해 간단한 편지를 대신 써 주고 100프랑세파를 받았다. 다시 희망이 보였다. 얼마 되지 않는 돈이었지만 그것은 내가 이제 혼자서도, 몸을 덮을 지붕은 생긴 만큼 무사 형 없이도, 친척의 도움 없이도, 가족의 보살핌 없이도 살아 나갈 수 있다는 징표였다. 나는 한동안 이 대서인 일을 했고, 그다음에는 호텔들을 돌아다니며 두건을 팔았다. 돈을 벌자마자 가장 먼저 한 일은 우유를 잔뜩 사들인 것이었다. 이제 굶어 죽을 염려는 없었다. 나는 당장 내일 끼니를 걱정해야 하는 절박함에서 벗어나 공부를 계속해 나갈 수 있었다.

무사 : 이브라힘을 혼자 내버려 둔다는 게 몹시 마음이 아팠다. 그러나 우리에게는 다른 방법이 없었다. 우리 두 사람은 너무나 가난해서 우선 각자가 따로 떨어져 어떻게든 살아갈 방도를 구하는 게 중요했다. 나는 여러 사람이 공동으로 세 들어 사는 작은 스튜디오에 거처를 얻었다. 생활비를 벌기 위해 생수 장사, 복권 장사를 했고, 중고생용 자습서를 팔기도 했다. 이브라힘처럼 우체국 앞에서 편지나 서류를 대신 써 주고 돈을 벌기도 했다. 일은 고됐지만 적어도 누군가의 눈치를 보지 않고 지낼 수 있었다. 무엇보다도 나는 그 어떤 상황에 처할지라도 내게 그 상황을 헤쳐 나갈 능력이 있음을 알게 되었다. 나 자신을 신뢰할 수 있다는 걸, 나의 의지, 나의 신념을 믿어도 좋다는 걸 알았다. 또한 신이 나를 보호해 준다는 걸 알았다. 그리고 내게는 든든한 동생이 있었다.
우리 각자의 별이 우리를 지켜 주고 있었고, 우리 어머니 황새

역시 하늘에서 우리를 내려다보고 계셨다. 우리는 어머니가 하늘로 날아오르기 전에 지상에 남겨 놓은 보물인 것이다. 이런 생각에서 나는 어머니에 대한 감사의 마음을 담아 황새 부리를 서명으로 쓰고 있다.

배움을 위해 손에 손을 잡고 투쟁했던 그 몇 년간의 시간을 통해 우리 형제는 함께 힘을 합하면 의미 있는 일을 해낼 수 있다는 사실을 알게 되었다. 무엇보다 우리는 우리 공동체의 아이들도 또 다른 삶을 발견하고 자신의 재능을 발휘할 기회를 얻을 수 있기를 소망했다. 우리는 대학입학 자격을 얻었고 대학에서 공부했다. 사막에서 태어난 두 아이로서 그건 감히 생각할 수도 없었던 일이었다. 아버지가 우리를 위해 희생을 감내했다. 아버지는 야영지를 꾸려 나가는 데 분명 일손이 필요했음에도 우리를 학교에 보내 주었다. 또한 그 여러 해 동안 어머니가 하늘에서 줄곧 우리를 보호해 주었다.

투아레그족 아이들도 읽고 쓰고 셈하는 법을 배울 수 있게 하기 위해 무슨 일인가 실천해야 한다는 것은 꿈을 넘어 하나의 의무가 되었다. 그래야 그 아이들도 자신의 삶을 선택할 수 있을 테니까 말이다.

우리는 우리의 삶이 어떠한 모습이기를 바랐고, 이제 우리가 선택한 그 삶을 살고 있다.

자신의 뿌리에 충실한 사람은 떠난다 해도 다시 돌아오기 마련이다. 아버지는 알고 있다. 우리가 어디에 있든 다시 돌아와 아버지와 함께 천막 아래서 차를 마실 거라는 사실을.

자유로 나아가는 문

모래 공책

우리의 공부가 진전될수록, 우리 공동체의 아이들에게도 학교에 갈 기회를 마련해 주어야겠다는 생각 역시 확고해졌다. 사회 소수자들에게는 정말이지 배움의 기회가 필요하다. 그들은 사회에 자신의 존재를 드러내 보일 필요가 있고, 또 그래야만 능력과 가치를 인정받을 수 있다. 우리 투아레그족의 부모들에게 이제 그들의 시대는 지나갔으며 새로운 시대에 적응해야 한다는 사실을 납득시키는 것도 교육을 통해 가능하다. 투아레그족은 국경을 자유롭게 넘나들며 생활하는 데 반해 각국은 국경 출입을 제한하고 있다. 투아레그족은 국경을 합법적으로 통과하는 방법을 배워야만 한다. 우리가 몸담고 있는 사회공동체에 통합되는 방법을 배워야 하는 것이다. 오직 교육만이 우리로 하여금 생활양식에 내재된 구속들을 벗을 수 있게 해 준다. 직업이 있으면 수입이 생긴다. 또한 우리가 도시에서 봉급을 받게 되면 사막의 가족을 도울 수 있다. 우리는 사막의 가뭄으로 인해 곤경에 처한 우리 공동체 사람들에게 교육이야말로 이 궁지에서 벗어날 유일한 방법이라는 사실을 보여 줄 필요성을 느꼈다.

 어느 해 여름, 우리는 여러 권의 책과 사전들을 마련해서 야영지로 돌아갔다. 방학 동안 모래를 공책 삼아 아이들에게 읽고 쓰는 법을 가르칠 작정이었다. 그것만으로도 아이들은 공부가 즐거운 일이라는 사실을 알게 될 터였다. 예상대로 아이들은 별안간 자신들 앞에 열린 낯선 세계에 매혹되었다. 매일 저녁 그들은 가축들을 야영지로 다시 데려다 놓은 다음 우리에게로 달려왔다. 일을 하다가도 잠시 짬이 생기면 우리에게로 와서 몇 모금의 지식을 달게 삼켰다.

 아이들이 어떻게든 우리와 함께 있으려고 하다가 가축들을 잃어버리곤 했기 때문에 아이들의 부모는 우리가 하는 일을 못마땅하게 여겼다. 부모들은 모래 위에 이런저런 형태들을 그리면서 긴 시간을 소비하는 것이 무슨 이득이 있는지 이해하지 못했다. 그 무렵 우리는 학교에 갈 나이가 된 아이들을 빠짐없이 파악하기 시작했다. 아이들을 그대로 내버려 두지 않겠다는 결심이 섰다.

 우리는 낙타를 타고 이웃의 야영지들로 가서 부모들에게 자녀들을 근처의 학교로 보내면 어떤 이득이 있는지 설명했다. 야영지에서 가장 가까운 학교는 타보예의 학교이다. 타보예는 사막의 경계를 넘어서면 가장 먼저 마주치는 마을로, 물이 있고, 장터가 있고, 보건진료소, 다리와 도로, 라디오, 가옥들이 있는 곳이다. 아이들로 하여금 새로운 삶에 첫걸음을 내딛도록 하자면 그런 타보예로 아이들을 보내는 것이 꼭 필요했다.

부모들은 주저했다.

"아이들은 자신의 뿌리를 잃게 될 걸세. 아이들은 가 버리고, 우리만 야영지에 남아 일손도 없이 살림을 꾸려 가야 할 거라고."

유목민들 가운데 몇몇은 프랑스 식민통치를 받던 시절에 학교에 다닌 경험이 있었고, 그때의 경험은 그들에게 나쁜 기억으로 남아 있었다. 당시 그들은 강제로 가족과 헤어져 지내야 했었으니까 말이다. 그래서 그들은 학교에 다니는 것을 일종의 뿌리 상실, 말하자면 서구사회를 따라 하느라 전통을 잃어버리는 일로 여기고 있었다.

차를 가운데 놓고 둘러앉아 긴 토론을 벌인 끝에 우리는 마침내 몇몇 부모를 설득하여 그 자녀에게 미래로 향하는 문을 열어 주도록 할 수 있었다. 그들도 한번 시도는 해 보겠다는 것이었지 굳은 신념을 갖고 동의한 것은 아니었다.

우리는 타보예 학교의 교장 선생을 찾아가서 투아레그족 어린이 열다섯 명가량을 입학시켜 달라고 청했다. 교장은 처음에는 썩

달가워하지 않았다. 투아레그족 항쟁이 사람들에게 계속해서 아픈 기억을 남기고 있었고, 교장도 그런 상황을 여전히 불안하게 여긴 것이다. 그는 아이들의 가족이 보일 반응을 우려했다. 하지만 한참 생각한 끝에 우리에게 기회를 주기로 결심하고 청을 받아들였다. 첫 고비는 넘긴 셈이었다. 이제 남은 문제는 비용을 마련하는 것이었다.

본격적으로 계획을 추진해 나가기 위해 우리는 사촌 세 사람—마하마두 벨렘, 베카예 이브라힘 투레, 이브라힘 아그 아타헤르—과 더불어 '모두를 위한 빛'이라는 의미의 ENNOR 협회를 만들었다. 단체를 결성한 것은 일을 전개해 나가는 과정을 공식화하기 위한 방법이었고, 그래야만 후원자를 구할 수 있었다. 하지만 우리의 계획을 후원해 주겠다고 나서는 사람은 없었다. 주변 사람들은 우리에게 계획이 너무 무모하다고, 거의 불가능하다고 했다. 그러나 우리는 오직 신념에 충실했다. 우리가 꿈꾸는 목표를 향해 나아가야만 한다는 확신이 있었다.

우리는 자금을 구하기 위해 바마코로 갔다. 열심히 설득하고 설명한 덕분에 우리는 말리 공화국 대통령 아마두 투마니 투레(1991년 군사쿠데타로 트라오레를 몰아낸 뒤 이듬해 민주주의적 선거를 통해 정권을 민간에 내주었고, 이후 2002년 대통령에 당선되었다 – 옮긴이)가 어린이를 위해 설립한 육영재단의 기금을 얻게 되었다. 그 돈으로 아이 열다섯 명의 숙식과 교복, 일 년간의 학비를 충당할 수 있었다. 우리의 꿈은 우리보다 훨씬 빠르게 앞으로 나아가고 있었다. 꿈이 이처럼 쉽게 이루어지는 것에 우리는 놀랐다. 앞날에 무엇이 기다리고 있는지 몰랐기 때문에 마냥 기뻐할 수 있었던 것이다……. 바마코에서 우리는 학용품을 사서 보물처럼 트럭에 싣고 노래를 부르며 타보예로 출발했다.

1월에 아버지가 열다섯 명의 아이를 인솔하여 타보예로 왔다. 아이들 가운데 셋은 여자아이였다. 아버지는 동행한 다른 한 학부형과 함께 작은 가옥을 하나 얻어 아이들의 보금자리를 마련했다. 아버지는 그 집에서 아이들을 돌보겠다는 결정을 내렸다. 아버지는 공동체 내에서 존경받는 사람인 데다 아이들의 가족도 아버지를 신뢰했기 때문이었다. 조금은 무모한 우리의 계획과 투아레그족 전통 사이에서 완충 역할을 해 줄 사람은 아버지밖에 없었다. 아이들은 모두 한방에서 생활했고, 식사는 아이들 스스로 해결했다. 힘든 생활이었다. 아이들은 가족과 헤어져 지내느라 풀이 죽어 있었다. 부모가 자주 들러서 얼굴을 보고 가는데도 그랬다. 게다가 아이들은 학년 중간에 들어가야 했는데, 그런 상황에서 공부를 따라가기란 쉽지 않았다. 학교 수업은 프랑스어나 송가이어로만 진행되었는데 아이들은 이 언어들을 전혀 몰랐다. 아이들은 날이 갈수록 위축되고 의욕이 떨어졌다. 분유를 먹는 일에도 적응을 하지 못했기 때문에 배앓이를 달고 지냈다. 더군다나 아이들은 언어와 문화가 다른 부족 사이에 섞여 자신의 정체성을 인정받지 못하는 상황을 불만스러워했다. 아이들은 자신이 송가이족으로부터 부당한 멸시를 받는다고 느꼈다. 아버지는 아이들을 격려하고 용기를 북돋아 주려고 애썼다. 그렇지만 아버지도 지쳐 가기 시작했다. 새로운 생활에 발을 들여놓았다가 길을 잃고만 아이들에게 쉼 없는 관심을 기울인다는 것은 아버지로서도 힘의 한계를 느끼는 일이었다.

아이들은 차츰 학교에 가기를 거부했다. 몇몇 아이들은 몰래 빠져나가서 목초지를 찾아 이동 중인 양치기들을 따라가기도 했다. 사막에서 야영하고 있을 자신의 부모를 혼자 힘으로 찾아가려는 것이었다. 아이들의 이런 모습에 실망한 부모들은 아이들을 더 이상 학교에 보내지 않겠노라고 곧바로 통고해 왔다. 야영지의 일손이 모자라는 것은 감내할 수 있지만 아이들이 우울하고 힘들어하는 건 참을 수 없다고 했다. 게다가 그들은 학교에서 하는 공부가 살아가는 데 꼭 필요한 것이라고 생각하지도 않았다. 그러니 아이들을 계속해서 학교에 보내야 할 이유가 없는 상황이었다. 그해 말, 아이들은 모두 야영지로 돌아갔다.

실패를 더 참담하게 만드느라고 연말에는 슬픈 일까지 겹쳤다. 타보예에 뇌막염이 번진 것이다. 아이 두 명이 희생되었다. 이 소식을 들은 부모들은 슬픔으로 기가 막힌 나머지 송가이족이 자기 아이들에게 주술을 걸었다고 고발했다. 출발점에서 우리의 가상한 열정은 결국 좌절을 맛보았다. 다른 해결 방법을 찾아야만 했다. 그런데 무슨 방법이 있단 말인가?

꼬박 일 년 동안 우리는 아이들이 자라 온 문화와 익숙한 생활양식을 흔들지 않으면서도 그들을 학교에 보내 교육시킬 다른 방법을 모색해 봤지만 해결책을 찾지 못했다. 그렇지만 우리는 포기할 수 없었다. 유목민 문화는 날이 갈수록 존립을 위협받고 있었다. 사막화 현상이 매년 심해지는 탓에 목초지가 줄어들고 있는 데다 사회가 유목생활과 양립하기 어려워진 것이다. 이런 이유로 우리는 투아레그족의 새로운 세대에게 배움의 기회를 줄 방법, 그들의 미래를 열어 줄 방법을 찾아야만 했다.

심사숙고한 끝에 우리는 마침내 한 가지 방안을 떠올렸다.

시간이 위대함을 낳는다

우리는 다시 야영지로 가서 우리의 뜻을 꾸준히 호소했다. 아버지도 동행해 주었다. 우리는 공동체 전체가 동의할 때에야 우리의 계획을 추진해 나갈 수 있다는 사실을 알고 있었다. 우리의 생각은 아이들을 반#정착생활을 하는 투아레그족의 마을인 티나우케르로 데려가는 것이었다. 우리의 문화와 한결 가까운 마을인 만큼 아이들도 이질감과 소외감을 느끼지 않을 터였다. 공통의 문화가 있으면 언제나 소통이 가능한 법이다.

협회 회원들이 애쓴 덕분에 우리는 알파 우마르 코나레 전 대통령(아마두 투마니 투레의 쿠데타 이후 치러진 1992년 선거를 통해 대통령에 취임했다 - 옮긴이)의 영부인이 운영하는 파르타주('나눔'이라는 뜻 - 옮긴이) 재단의 지원을 받게 되었다. 재단에서는 우리에게 식량, 신발, 의약품을 제공해 주기로 했다.

우리는 열여덟 명의 아이를 데리고 이미 투아레그 학교가 자리 잡고 있는 그 마을로 갔다. 아버지가 저번처럼 우리와 동행하며 일을 도와주었다. 이번에는 성공할 수 있을 거라고 우리는 자신하고 있었다. 비록 집을 떠나 생활한다는 불안정한 점은 있지만, 그래도 모든 조건이 갖춰진 만큼 한 해를 잘 보낼 수 있을 거라는 기대였다.

현실이 우리의 발목을 붙잡아 환상에서 깨어나게 했다. 아이들이 음식을 잘 먹지 않았다. 그러다 부모들이 마을에 들를 때마다 부모를 따라가 버리곤 했다. 말하자면 의욕도 경쟁심도 없었던 것이다. 할 수만 있다면 하루 종일 염소 떼를 따라 뛰어다닐 수도 있을 아이들이었다. 그런 아이들에게 어떤 동기를 부여하면 책상에 붙어 있도록 할 수 있겠는가? 그것은 모두가 하고자 하는 열의로 뭉치지 않으면 불가능했다. 우리 아이들은 마을의 다른 아이들이 저녁마다 가족의 품으로 돌아가는 반면에 자신들은 집에서 멀리 떨어져 지내야 한다는 걸 힘들어했다. 우리 아버지가 아이들 곁에 있긴 했지만, 혼자서 그 아이들의 외로움을 달래 주기에는 역부족이었다. 아이들이 달아나기 시작했다. 2월 말, 아이들은 전부 야영지로 돌아가 있었다.

대다수 투아레그족 부모들은 자녀들이 학교에 다니겠다고 할 때 그리 달가워하지 않는다. 그들은 학교교육이 자녀들을 고유의 문화로부터 멀어지게 한다고 생각한다. 사실 투아레그족이 변함없이 지켜 온 태도를 단 한 가지 든다면 그것은 바로 전통의 계승이다. 그러니 부모들로서는 학교로 인해 자녀들이 자신의 것이 아닌 생활양식에 물들게 될 일이 걱정인 것이다. 그들은 머리로는 아이들을 학교에 보내는 데 동의했었지만 사실 마음속으로는 아이들을 곁에 두고 싶어 했다.

우리가 꿈꾸는 학교는 갈수록 일종의 유토피아, 도달할 수 없는 이상향이 되어 가고 있었다. 그렇지만 우리는 포기하고 싶지 않았다. 좌절은커녕 이런 장애물로 인해 우리의 신념은 한층 더 단단해졌다. 학교를 향한 이 꿈은 시간이 얼마나 걸리든 상관없이 언젠가는 꼭 이루어질 터였다. 그 모든 실패에도 불구하고 아버지 역시 단념하기를 원치 않았다. 아버지는 훌륭한 작품이 현실에 뿌리를 내리려면 시간이 걸리는 법이라며 끊임없이 우리를 격려했다. 현실 속에 자리 잡는 데 들어간 그 시간이 작품을 위대하게 만드는 한 요소라는 말씀이었다.

계속해서 너의 길을 가라

　우리 공동체의 어른들 대다수는 아이들을 학교에 보내는 것에 대해 회의적이다. 도회로 나가면 유목문화를 잃어버리기 십상이라는 것이다. 그런데 이 유목문화야말로 우리 투아레그족이 가진 유일한 재산이다. 우리 투아레그족은 아무것도 소유하지 않았다. 땅도 없고, 가옥도 없고, 값진 물건도 없다. 우리의 단 하나뿐인 재산이 바로 문화인 것이다. 이런 이유 때문에 그 좌절과 새로운 모색의 시기 동안 우리 공동체 내에서 영향력이 큰 두 사람이 우리 형제의 계획을 반대했다. 바로 이모와 이맘(이슬람 성직자 – 옮긴이)이다.

　어머니의 여동생, 그러니까 우리 이모는 나무랄 데 없는 여인으로, 남편과 자녀들을 데리고 사막 한 귀퉁이에 자기 가족만의 터를 잡고 살고 있다. 이모네 가족은 다른 천막의 이웃들과 어울리는 법이 없다. 이모네는 억세고 투박하지만 너그럽고 정이 많다. 태양을 벗 삼아 고독을 즐기며 사는 그들은 외따로 떨어져 지내는 그런 생활을 자신들이 좋아서 선택한 것이다. 이모는 그야말로 전형적인 사막의 여인이다. 이모의 눈동자는 가장자리가 푸른 빛무리로 둘러싸인 갈색이고, 주름 가득한 아름다운 얼굴은 추운 밤과 한낮의 뜨거운 열기가 번갈아 찾아드는 사막생활을 웅변한다. 이모는 외부인에게 얼굴을 내보이는 법이 없고, 모르는 이와 눈길을 마주치는 일도 없다. 우리는 이모를 사랑한다. 이모를 보면 마치 어머니를 보는 것만 같다. 이모의 눈은 어머니의 눈과 꼭 닮았다. 그렇지만 이모는 아이들에게 학교교육을 시키려는 우리의 계획에 반대했고, 여전히 강경하게 고개를 내젓고 있다. 아버지가 우리 형제를 학교에 보내 주기로 결정했을 때에도 이모는 그러지 못하게 말리려 했었다. 우리가 뿌리를 등지게 될 거라는 게 이모가 걱정하는 점이었다. 우리가 다시 돌아온 것을 보면서도, 그리고 공동체를 위해 뭔가 하고자 한다는 것을 알면서도 이모는 자신의 아이들을 학교에 보내기를 거부했다. 아이들 없이 이모와 이모부 단둘이 염소 떼를 돌볼 수 없다는 것이었다. 우리가 직접 나서서 사촌들에게 우리를 따라 학교에 가지 않겠느냐고 물으면, 사촌들은 그럴 마음이 없다고 답했다. 자신들은 자연 속에서 자유롭게 살아가고 있는데 교실에 갇혀 지내야 하는 생활을 왜 하느냐는 것이었다. 자신들은 세상과 단절된 채 천막에서 살아가는 삶 이외의 다른 삶에 대해서는 전혀 모르는데 또 다른 미래를 어떻게 꿈꿀 수 있으며, 또 꿈꿔야 할 이유는 무엇이냐고 사촌들은 반문했다. 이따금 그들은 이틀 걸리는 거리를 걸어 잔치가 열리는 다른 야영지에 갈 경우가 있는데, 그럴 때라도 매번 집을 더 그리워하며 기쁘게 돌아오곤 했다. 그들의 삶은 바로 그들의 천막 안에 있었다.

우리의 계획이 실패한 이야기를 털어놓았을 때 이모는 미소를 지었다. 그 미소에는 '그것 보렴, 내가 너희들에게 경고했잖아. 아이들을 가만히 내버려 두라고 말이야.'라는 의미가 담겨 있었다. 그렇지만 이모는 이미 지나간 시대를 살고 있는 것이다. 세상은 그런 이모를 내버려 두고 앞으로 나아가고 있다.

우리 공동체에서 이맘이 행사하는 영향력은 상당하다. 사람들은 사막을 가로질러 몇 주일이나 걸리는 길을 가서 그의 조언을 구한다. 이맘은 양탄자가 깔린 큰 천막에 사는데, 그곳에는 매일 남자 여자 아이 할 것 없이 수십여 명의 사람들이 모여든다. 이맘은 우리 공동체의 정신적 지주이고 안식처이다. 온후하고 너그러운 그의 목소리는 강한 설득력을 발휘한다. 그렇기 때문에 아이들을 학교에 보내는 계획에 대해 이맘이 반대하고 나선 일은 이 계획을 밀고 나가는 데 큰 걸림돌이 되었다. 이맘은 누구든 학교 교육을 받으면 필경 사막을 떠나기 마련이라고 생각한다. 다음 세대가 사막을 떠나지 않게 하고자 그는 보건소를 열었고, 코란 학교를 세우고자 했다. 아이들이 코란을 배우게 되면 그와 더불어 프랑스어도 배울 수 있을 것이다. 그렇게 되면 아이들은 몸을 돌려 세상을 바라볼 수 있는 충분한 채비를 갖추는 셈이다. 이맘의 뒤에는 그를 따르는 인구 천오백 명의 공동체가 있다. 이맘이 우리의 학교 계획에 반대하는 이상 그를 따르는 사람들도 학교에 거부 반응을 보인다. 이맘이 우리의 계획을 반대하는 것은 유목 문화가 사라지지 않게 하기 위한 것이다. 그런 그의 태도를 어떻게 원망할 수 있겠는가? 하지만 아이들에게서 선택할 기회를 빼앗는 것에 대해서는 어떻게 원망하지 않을 수 있겠는가?

위의 두 사람과는 반대로 한 사람은 의혹과 희망이 교차하던 그 시기 내내 놀랍고도 감탄할 만한 태도를 보여 주었는데, 바로 우리 아버지이다. 아버지는 언제나 우리 곁을 지켜 주었다. 우리를 격려해 주었고, 우리의 계획을 전폭적으로 지지하면서 변함없는 신뢰, 끝없는 믿음을 보여 주었다. 아버지의 삶은 우리에게 힘과 너그러움의 한 모범이다. 아버지는 당신의 자녀 열세 명에게 한결같은 사랑을 베푼다. 우리 둘에게 보여 준 헌신과 믿음이 다른 형제 모두를 향한 마음일 터였다. 아버지는 군복무 시절 정예 사격수였다. 군대에 계속 머물 경우 진급이 보장되어 있었고, 또 넉넉할 만큼의 봉급을 받을 수 있었다. 그렇지만 아버지는 모든 것을 버리고 사막으로 돌아왔다. 자신의 자유를 되찾고자, 자신의 뿌리로 되돌아오고자 했던 것이다. 지금 아버지는 투아레그족의 순수한 전통 속에서, 사막의 야영지에서, 당신의 형제들과 사촌들과 더불어 살아가고 있다. 당신은 그렇게 살아가면서도 젊은 이들에게는 학교에 다니도록 격려한다. 발전하려면 위험을 무릅써야 한다는 것이 아버지의 생각이다. 발전이란 부정과 거부를 통해서는 불가능하다. 아버지는 알고 있다. 우리가 다시 돌아와 아버지와 함께 천막 아래서 차를 마실 거라는 사실을 말이다. 과거를 존중하되 그렇다고 과거를 무턱대고 따르려고만 하지 않는 태

도를 아버지는 우리에게 가르쳐 주었다.

  이곳 사막에서 교육을 받는다는 것은 일종의 이별을 의미한다. 우리는 자신의 뿌리를 그 뿌리에서 멀리 떨어진 어떤 삶과 조화시킬 수밖에 없다. 놀랍게도 아버지는 우리가 떠나는 것을 허락해 주었다. 그만큼이나 우리를 깊이 신뢰하고 기대를 보내 주었다. 아버지는 당신의 전통보다 우리의 미래를 먼저 선택한 것이다.

  이처럼 무엇 하나 안심할 것이 없던 그 시간 내내 아버지는 우리에게 계속해서 우리의 길을 가라고, 우리의 모든 가능성을 끝까지 실험해 본 것이 아닌 한 결코 포기하지 말라고 격려해 주었다. 그 가능성 가운데 한 가지가 남아 있었다.

  무사 : 대학입학 자격을 획득하고 나서 일 년 후 나는 또 다른 삶을 발견하기 위해 프랑스로 떠났고, 그럼으로써 나의 가족에게 새로운 분위기를 불어넣었다. 생텍쥐페리는 나로 하여금 눈을 열어 세상을 바라보게 했고, 프랑스는 내가 몸담은 시대를 향해 눈을 뜨게 해 주었다. 자신의 뿌리에 충실한 사람은 떠난다 해도 다시 돌아오기 마련이다.

  프랑스에서 나는 내가 꿈꾸는 학교를 현실에 옮겨 놓기 위해 열심히 일했다. 후원금을 구하기 위해 이곳저곳 뛰어다녔고, 그 꿈을 가능하게 해 줄 구체적 계획들을 세우느라 많은 궁리를 했다. 바마코에서 정보처리사라는 좋은 직업을 갖고 있던 이브라힘은 사람들로부터 그 계획은 실현 불가능하므로 깨끗이 포기하라는 충고를 듣곤 했다. 사람들은 이브라힘을 놀리면서 그에게는 헛된 꿈을 좇는 것 말고도 해야 할 다른 일이 있다고 말했다. 그렇지만 나도 이브라힘도 그 꿈을 포기할 수는 없었다.

어떻게 하면 아이들이 가족과 떨어져 지내면서도 뿌리 뽑힌 것 같은 느낌이 들지 않게 할 수 있을까? 보수를 받지 않고도 아버지와 교사의 역할을 동시에 해 줄 수 있는 사람은 누구일까? 한 가지 해결 방법이 남아 있었다. 바로 이브라힘이 그 역할을 떠맡는 것이었다. 이브라힘만이 우리의 계획을 구원할 수 있었다. 오직 그만이 학교를 세우는 일에 보수 없이도 헌신할 수 있었다. 그만이 아이들에 대한 깊은 사랑을 바탕으로 아이들과 그들의 미래에 자신을 온전히 바칠 수 있었다. 아이들의 교사이자 생활주임, 그리고 아버지이자 급식 담당자 역할을 한꺼번에 맡아야 했는데 이브라힘 말고는 다른 어느 누구도 그럴 만큼 의욕적이지 못했다.

나의 계획은 이브라힘이 타보예에 자리 잡으면 나는 프랑스에서 후원금을 구하겠다는 것이었다. 이 계획을 이브라힘에게 제안했을 때 그는 한참 동안 아무 말이 없었다. 이브라힘은 그런 책임을 떠맡는다는 것에 대해 두려움과 자랑스러움을 동시에 느끼는 것 같았다. 그는 내게 생각할 시간을 달라고 했다.

마음속으로 나는 그가 제안을 수락하리라는 걸, 우리의 꿈을 구원하기 위해 나서리라는 걸 알고 있었다.

별빛이 아름다운 밤, 아이들은 그대로 별빛 아래서 잠이 든다. 눈길을 하늘로 돌려 가만히 별을 응시하다가 그 자세 그대로 말이다. 그럴 때면 종종 나는 그들이 어떤 꿈을 꾸고 있을지 궁금해진다.

생텍쥐페리 사막학교

마음의 소리를 따라

조금은 무모한 그 계획이 실현된다면 공동체 아이들의 삶뿐 아니라 우리 자신의 삶 역시 바뀌게 될 것이었다. 한 사람은 기숙학교를 맡아 운영하기로 하고, 다른 한 사람은 학교 재정을 마련하기로 하면서 우리는 막중한 책임감을 느꼈다.

이미 여러 번 거듭해서 실패한 터라 신뢰를 얻기가 점점 더 어려워지고 있었다. 우리는 연륜이 부족한 젊은이였다. 그런 만큼 연장자들로부터 쉽사리 인정을 받지 못했다. 만약 우리가 한 가정을 책임지는 가장이었다면 사정은 달랐을 텐데 말이다. 연장자들 앞에서 우리의 말은 아무 권위도 부여받지 못했다. 이번에도 또다시 우리의 버팀대가 되어 준 사람은 아버지였다. 아버지는 우리가 계획을 실현하고자 동분서주하는 내내 우리의 곁을 지켜 주었다.

우리 협회의 회원은 친구이자 사촌 간인 다섯 사람으로, 그들 역시 무척 의욕적이었다. 그렇지만 이 계획이 난관에 부딪히자 그들은 포기했다. 더 이상 신념을 보여 주지 않았다. 단지 이브라힘 아그 아타헤르와 그의 동생인 모사만이 우리 곁에 남았다. 모사는 'ENNOR 모두를 위한 빛' 협회의 회장직을 맡고 있을 뿐 아니라, 취학 장려 캠페인에도 적극 참여하고 있다. 우리의 소중한 파트너가 되어 준 것이다. 우리에게는 가진 것을 내놓는다면 갖지 못한 것을 얻게 될 거라는 확신이 있었다. 그 확신에 따라 우리는 모든 힘을 이 계획에 쏟아부었다. 그러자 정말이지 눈앞에 고지가 보이는 듯했다.

이브라힘 : 나에게는 높은 보수를 받는 안정된 직업이 있었다. 여러 해에 걸친 공부 끝에 얻은 그 모든 것을 학교를 세우기 위해서 포기한다는 것은 미친 짓이었다. 더군다나 나는 교사도 아닌데 말이다. 그렇지만 때로는 미친 짓이 마음속의 진실을 말해 주는 경우도 있다. 이 학교를 맡아 이끌어 나간다는 것은 내 삶에 어떤 의미를 부여하는 일이었고, 또한 그 여러 해 동안의 투쟁을 가치 있는 것으로 만드는 길이었다. 내가 몸담은 공동체를 위해 헌신함으로써 나의 삶은 어떤 의미를 얻을 수 있었다. 바마코의

삶은 아무 꿈도 키울 수 없는 것이었다.
 나는 어떤 방향의 삶을 살아야 할지를 고민하며 며칠 밤을 뜬 눈으로 지새웠다. 내가 인생의 갈림길에 서 있다는 사실을 잘 알고 있었다. 누구에게나 자신의 인생 전체를 결정짓는 선택의 순간들이 있는 법이다. 사실 내 마음 깊숙한 곳에서는 내가 이 학교를 맡게 되리라는 걸 이미 알고 있었다. 그렇게 되리라고 어떤 작은 목소리가 내게 나지막이 속삭이고 있었던 것이다. 그렇지만 나는 그 목소리를 명확하게 듣고 싶었다. 어느 날 아침, 그 목소리는 마침내 하나의 자명한 이치처럼 내 귓가에 크게 울려 퍼졌다.
 그날로 나는 사장실로 들어가서 사직 의사를 밝혔다. 사장은 곧장 봉급을 올려 주겠다는 제의를 하면서 사직을 말렸다. 내가 경쟁 회사로 옮겨 가는 것이 아니라 사막에 학교를 세우고 싶어서 그만두는 것이라고 설명하자 사장은 웃음을 터뜨렸다. 그렇지만 내 표정이 진지한 것을 보고 농담을 하는 게 아니라는 사실을 알아차렸다. 내가 조만간 분별을 되찾을 거라고 생각한 사장은 월말까지 다시 생각해 볼 시간을 주었다. 하지만 나의 결심은 이미 확고하게 서 있었다.

 부모들은 처음 몇 번의 시행착오에 실망한 터라 설득하기가 한층 어려웠다. 아이들은 공부에 대한 흥미를 잃은 상태였다. 모든 것을 다시 시작해야 했다. 9월에 우리는 모사와 함께 야영지 순례를 떠났다. 학생들을 모집하기 위해서였다. 우리가 얻은 후원금은 아주 약간이었다. 무사의 친구들인 앙제 대학 학생들로 결성된 후원회 테리야 아미 말리(테리야는 밤바라어로 집이라는 의미 - 옮긴이)에서 보내온 돈이 유일했다. 나머지 필요한 비용은 우리가 몇 년간 푼푼이 모아 둔 돈을 기꺼이 쓸 작정이었다. 얼마 안 가 무사가 주선한 덕분에 우리는 프랑스 의사들의 후원단체 테리야 소(밤바라어로 '친구들의 집'이라는 의미 - 옮긴이)로부터 후원금을 받았다. 프랑스 의사들이 학생들의 급식비를 보내 준 것이다. 우리는 또한 관광 여행 프로그램도 만들어 그 수익금을 학교를 위해 쓸 수 있었다. 그 시점에서 남은 문제는 가족들이 아이들과 헤어져 지내기를 수락하는 것과 학교 재정을 좀 더 확보하는 것이었다.

이어서 우리는 공동체의 모든 가족이 참석한 모임을 열었다. 모임에 온 사람은 백오십 명가량으로, 모두 글을 배운 적이 없는 사람들이었다. 그들에게 학교란 꼭 필요한 것이 아니었다. 학교는 그들의 삶의 지표나 문화와 너무나 동떨어진 것이었고, 그런 만큼 그들은 이 교육 체제를 잘 이해하지 못했다. 아버지와 함께 우리는 그들을 설득하는 일에 나섰다. 그들을 납득시키기 위해 우리가 꺼내 놓은 결정적인 근거는 다음과 같은 것이었다.

"유목생활은 이제 앞날이 보이지 않습니다. 유목생활을 가능하게 하는 기본 토대가 무너져 언제 어떻게 될지 모르는 상황이라는 겁니다. 키달과 통북투 지역에서는 아이들이 학교에 다니고 있습니다. 학교교육을 받은 아이들은 투아레그족 공동체의 입이 되어 세상에 우리의 입장을 표현할 수 있고, 또한 우리 공동체의 앞날을 책임질 수 있습니다. 목초지들은 어디로 사라졌습니까? 어디에 가면 우물을 찾을 수 있습니까? 야생동물과 가축들은 대체 어디로 가 버린 것입니까? 메마른 모래땅이 나날이 넓어지고 있습니다. 지구온난화 때문입니다. 이런 상황을 그저 견디기만 하는 것은 아무 소용이 없습니다. 민주주의는 다수가 소수에 대해 힘을 행사하는 체제입니다. 따라서 소수는 글을 배워서 자신의 입장을 표현할 필요가 있습니다. 앞날을 헤쳐 나가자면 인재들이 있어야 합니다. 가장으로서의 통솔력은 이제 충분한 도움이 되지 못합니다. 오늘날 문맹이란 바로 권리의 상실을 의미합니다. 가뭄으로 인해 투아레그족이 피난처를 찾아 도회지로 나가고 있습니다. 그렇지만 그 사람들은 도회지 생활에 필요한 능력을 충분히 갖추지 못했습니다. 유목민들은 도회지에 제대로 적응도 못해 보고 죽었습니다. 가축 없이 살아 나가는 방법을 몰랐기 때문입니다. 투아레그족 여인들은 앞으로 다른 부족의 남자들과 결혼해야 할 처지에 몰려 있습니다. 투아레그족 남자들에게는 한 가정을 꾸려 갈 경제 수단이 없기 때문입니다. 이것은 공동체로서는 견딜 수 없는 수치입니다. 우리는 움직여야 합니다. 미래를 직시하고 우리가 당면한 시대와 정면으로 맞서야 합니다."

모임에 참석한 가장들은 말없이 우리의 말을 듣고 있었다. 그

들은 변화하고 발전해야 할 필요성은 느끼면서도 그렇게 되면 투아레그족의 전통, 즉 투아레그 문화의 기반을 잃게 될지도 모른다는 우려를 떨쳐 버리지 못했다. 그 전통은 투아레그족이 가진 것의 전부이다. 우리에게 그 전통 말고는 아무것도 없는 것이다.

여러 가족이 자녀를 학교에 보내기를 거부했다. 무슨 보장이 있어서 우리의 계획을 믿고 따르겠느냐는 것이었다. 그들은 이 계획을 일종의 도박으로 여기고 있었다. 다른 가족들도 만약 아이들을 학교로 보낸다면 아이들은 필경 유목문화에 등을 돌리게 될 거라고 걱정을 늘어놓았다. 우리의 계획을 받아들인 또 다른 부모들도 있었지만 그건 학교 자체를 믿어서가 아니라 이브라힘을 신뢰한 덕분이었다.

남은 방법은 우리가 이런 엄청난 계획을 추진해 나갈 능력이 있음을 그들에게 증명해 보이는 것뿐이었다.

사막학교 문을 열다 : 이브라힘의 기록

꿈이 현실로

2002년 10월 5일, 첫 학기가 시작되었다. 나는 혼자서 일곱 살 아이들 열여덟 명을 떠맡았다. 우리가 지내는 곳은 아버지 소유의 가옥으로 그곳이 공동 숙소이고 식당이며 동시에 학교이기도 하다. 방이 두 개뿐인데 하나는 아주 작아서 식품 저장실로 쓰고 있다. 다른 방 하나에서 우리는 자고 먹고 글을 배운다.

나를 기다리고 있는 이 새로운 생활 앞에서 처음에는 미칠 지경으로 겁이 났다. 엄청난 책임이 내게 주어졌는데, 내가 과연 그 책임을 감당해 낼 수 있을지 확신이 서지 않았다. 학생들의 급식에 들어가는 식료품을 비롯해서 학교를 운영하는 데 필요한 물자를 내가 무사히 조달할 수 있을까? 나에게는 선택의 여지가 없었다. 더 이상의 시행착오는 용납되지 않았다. 너무 불안한 나머지 밤에 잠을 이룰 수 없었다. 그 점은 아이들도 마찬가지였다. 아이들은 송가이족이 마법을 걸까 봐 겁을 냈다. 아이들은 그런 마법과 관련된 무서운 이야기들을 들으면서 커 왔다.

송가이족의 학교에서 석판과 분필을 빌려 주었다. 그건 마침 우리에게 꼭 필요한 것이었다. 교과서를 구하는 데는 실패했지만 그래도 수업을 시작할 수는 있게 되었다.

닭을 기르던 작은 헛간에 교실을 꾸몄다. 삼면 벽에 진흙을 바르고 짚으로 지붕을 얹고 칠판을 하나 걸고 바닥에는 모래를 깔았다. 아이들은 내 앞 바닥에 앉아서 나의 말을 기다린다. 나는 말 없이 그들을 바라보고 있다. 무슨 말로 첫마디를 열어야 할지 모르겠다. 프랑스어 알파벳부터 시작하기로 한다. 책 없이는 수업을 할 수 없다는 걸 알아차리는 데는 시간이 얼마 걸리지 않는다. 이 아이들에게 뭐든 가르치자면 교본이 필요하다. 나 혼자서는 아무리 이런저런 방법을 써 본다 한들 제대로 가르치기 어려울 것이다. 내가 투아레그족 학생들이 보기에 적당한 교본을 구하러 나섰던 건 그런 이유에서였다.

우리는 이 새로운 모험을 헤쳐 나가는 방법을 함께 배우고 있다. 나는 아이들의 선생으로서 그들에게 글을 가르치고, 그들은 나에게 삶을 가르쳐 준다. 나로 하여금 매일 조금씩 더 성장하게 하는 것은 바로 그들, 나를 바라보는 그들의 눈, 그들이 던지는 질문, 그들의 노력, 그들의 열정이다.

불편하고 허술한 구석이 많은 우리의 생활을 좀 더 활기 있게 만들 방법을 궁리하던 나는 마침내 기타를 하나 구하는 데 성공했다. 그 기타로 나는 매일 저녁 곡조를 연주하고 우리는 함께 노래를 부른다. 그럴 때 아이들은 가족들에게서 멀리 떨어져 있다는 사실을 잊고는 춤추고 손뼉을 치곤 한다. 그 순간에는 나도 아이들의 삶을 책임져야 한다는 무거운 짐을 잊을 수 있다. 모든 것에서 첫발을 내딛고 있다는 부담감을 면제받는 것이다.

생활 면에서 우리는 무척 효과적인 시스템을 만들어 냈다. 아이들은 설거지를 맡아 하고 나는 음식 만드는 일을 맡은 것이다. 지나가는 여인네들이 웃으면서 나를 쳐다보곤 한다. 그네들은 한 남자가 화덕 앞에 쭈그리고 앉은 모습에 신선한 호감을 느끼면서도, 그런 모습을 자신의 가치 기준으로는 쉽게 받아들이지 못하고 민망해한다. 남자가 음식을 하는 경우를 그네들은 한 번도 본

적이 없으니까 말이다.

일요일마다 타보예 장터에 가서 장을 보면서 나는 아이들에게 산수 공부를 시킨다. 물건 값을 치를 때 아이들에게 셈을 해 보도록 하는 것이다. 이를 통해 아이들은 살아가기 위해 들여야 하는 비용을 의식하게 된다.

이렇게 몇 개월을 지내며 우리의 생활도 자리를 잡는다. 학교를 나 혼자서 꾸려 나간다는 것은 쉽지 않다. 이 일은 한 사람이 짊어지기에는 너무 무거운 책임이다. 그렇지만 우리는 한 가족처럼 결속되어 있다. 나의 노력과 부모들의 희생을 알게 되면서 아이들은 공부에 적극적이 되어 보다 빠르게 배워 나가고 있다. 은연중에 그들은 자신의 미래를 스스로 만들어 나가고 있음을 느낀다. 연말이 되자 우리는 꿈이 마침내 현실이 되었음을 축하하기 위해 큰 파티를 벌인다. 한 해를 성공적으로 버텨 낸 것이다!

부모들은 나를 신뢰한다. 이 계획이 그저 무지갯빛 환상은 아니라는 소문이 퍼지고 있다. 그러나 나는 이런 방식으로 한 해 더 끌고 나갈 수 있을지 확신이 서지 않는다. 이번 시도가 학부모들의 믿음을 얻기는 했지만, 그들의 태도는 여전히 그리 협조적이지 않다. 어떤 부모들은 학교의 식량을 야영지로 가져가려고도 한다. 자식이 누릴 수 있는 것이라면 자신들도 당연히 누릴 수 있다고 생각하는 것이다. 식량을 요구할 때 내가 거절하면 그들은 자신의 아이들을 도로 데려간다. 이런 일로 미루어 보건대 그들은 학교의 목적을 잘 이해하지 못하고 있다. 학교가 단순히 아이들을 먹이고 재워 주는 곳이라고 생각하다니! 게다가 아이들은 처음에는 공부에 흥미를 보이고 열심히 배우더니, 어려운 내용에 부딪히자 곧바로 의욕을 잃고 시들해졌다. 그런 아이들에게 동기를 불어넣어 공부를 계속하게 할 사람이 나 외에는 없다.

올해는 힘들고 고된 시간이었다. 놀랄 만큼 풍요한 결실을 얻었지만, 또한 어쩔 줄 몰라 허둥거릴 때도 많았고 지칠 때도 많았다. 너무나 많은 일과 책임이 내 양어깨 위에 놓여 있다. 더구나 다음 해에는 나 혼자서 두 학급을 동시에 꾸려 나가야 할 텐데 그렇게 하기란 도저히 불가능하다. 그러니 지금 이 축하 파티가 사막학교와 이별을 나누는 자리가 될지, 아니면 다음 해를 기약하는 자리가 될지 알 수 없다. 나는 아이들과 작별을 나누면서 또 한 해를 올해처럼 시작하지는 않겠노라고 굳게 마음먹는다. 마음속으로 나는 이미 사막학교에 마지막 작별을 고하고 있다. 그러면서 이 학교를 위해 내가 할 수 있는 모든 일을 다했다는 뿌듯함을 느낀다. 나는 후회 없이 떠날 수 있을 것 같다. 나의 모든 것을 이 학교에 바쳤으니까…….

자, 계속할 것인가

프랑스인 친구 에릭이 나를 만나러 왔다가 내가 이렇게 아이들을 혼자 떠맡아 가르치는 걸 보고 깊은 인상을 받았다. 그가 나에게 물었다.

"지금 제일 하고 싶은 일이 뭐니?"

나는 가장 먼저 떠오른 생각을 말했다.

"정보처리 연수 과정을 밟고 싶어."

나는 너무나 지친 데다 앞날에 대해 절망적인 기분에 빠져 있었기 때문에 계속해서 학교에 나의 힘을 쏟아부을 마음이 나지 않았다.

6월, 나는 떠나기 위한 만반의 준비를 갖춘다. 프랑스로 간 나는 정보처리 연수를 받고 이어서 한 달간 정보처리사로 일한다. 그리고 다시 말리로 돌아온다. 이제 또다시 고민의 시간이 시작된다. 바마코에서 정보처리 기술자로 살아갈 것인가, 아니면 투아레그족 학교를 떠맡아 일할 것인가? 높은 보수를 택할 것인가, 아니면 나를 헌신하는 삶을 살 것인가? 안락한 삶을 누릴 것인가, 아니면 희생을 감내할 것인가? 매일 밤 이렇게 망설이고 있다는 것이 죄를 짓는 느낌이 든다. 나 말고는 자신들을 가르칠 다른 교사가 없는 아이들이 떠오른다. 그 아이들이 나에게 품었던 신뢰, 내게 걸었던 기대가 생각난다. 나는 내 고민의 답을 알고 있다. 그렇지만 혼자서 학교로 돌아갈 엄두를 내지 못한다. 그건 나 자신에게 너무나 무거운 짐을 떠안기는 일이다. 게다가 나는 한 아가씨를 사랑한다. 아미나타. 나는 그녀에게 그런 삶에 동행해 달라고 요구할 용기가 나지 않는다. 그렇지만 가장 나쁜 상황에서 시

작한다는 것은 가장 큰 사랑을 이루리라는 약속이기도 하다. 만약 그녀가 학교로 나를 따라와 주겠다고 한다면 나는 맹세코 나의 남은 생애 전부를 학교에 바치겠다. 그녀가 나를 사랑한다는 것은 알지만, 우리의 혼인을 위해서는 나의 부모님이 힘을 보태주어야만 한다. 사실 아미나타의 부모님이 고정 수입도 없이 아이들과 함께 사는 스물다섯 살 청년에게, 그 청년이 가족으로부터 뒷받침을 받는다는 보장도 없는데 딸을 내준다는 것은 생각도 할 수 없는 일이다. 나의 부모님 역시 이 혼사를 위해 직접 나서기를 마다할지 모른다. 내가 사위로서 거절당한다면 그때는 가족의 명예가 문제가 되니까 말이다. 아미나타는 기꺼이 나를 따를 것이다. 그녀는 나를 사랑한다. 그렇지만 그녀는 학업을 끝마치지 못했다. 타보예로 가게 되면 그녀의 가족과 멀리 떨어지게 될 것이고, 또 그녀로서는 타보예 마을의 투아레그족 여인들이 낯설 것이다. 아이들이 학교에 있을 때 그녀는 많이 외로울 것이다. 그러나 그녀는 내가 아이들에게 모든 시간을 바치는 사람이어서 사랑한다. 그녀는 내 삶의 동반자가 되어 자신의 삶에 어떤 의미를 부여하고 싶어 한다.

  아버지가 나의 혼인을 지지해 준다. 나는 힘을 얻는다. 마침내 날을 잡아서 아버지는 낙타를 타고 아미나타의 아버지를 방문한다. 그러고는 아들을 위해 장래의 사돈에게 청혼한다.

  "댁의 따님이 기꺼이 나의 아들을 따라 줄까요? 따님이 가고자 하는 그 길을 부디 응원해 주시겠습니까?"

이틀에 걸친 협상 끝에…… 아미나타의 부모님이 마침내 결혼을 허락한다. 그녀가 없는 삶을 살아야 했다면 나는 학교로 돌아올 수 없었을 것이다. 그녀가 내 곁에 있는 지금은 내가 학교에 계속 남아야 하는 것인지 고민하게 된다. 현실은 나날이 실상을 드러내고, 꿈은 그 눈부심을 나날이 잃어 가니까 말이다. 마법이 일어나리라는 걸 어떻게 알 수 있겠는가?

학교 덕분에 우리는 아주 빨리 성숙해지지 않을 수 없다. 나는 아미나타에 대해 책임감을 느낀다. 내가 어려운 여건에 처해 있다고 해서 우리의 사랑에 일종의 재갈을 씌우는 일은 없도록 하겠다고 다짐한다. 희생이 감내할 수 없을 만큼 버거운 것이어서는 안 된다. 우리는 삶을 가볍게 시험해 볼 시간이 없다. 이 모험을 헤쳐 나가기 위해, 함께 강해지기 위해, 우리는 어서 빨리 한마음 한뜻이 되어야 한다.

이제 아미나타의 아버지는 나를 사위로 받아들여 주었고, 나는 수많은 고민과 불안감에도 불구하고 이 길을 선택했지만, 이렇게 되기 전 나는 올 한 해가 물 한 방울 같다는 느낌을 갖고 있었다. 갈증을 씻어 주지는 못한 채 오히려 목이 마르다는 사실만 일깨워 주는 물 한 방울 말이다. 그러나 여기서 좀 더 밀고 나가야만 한다는 걸 나는 직관적으로 알았다. 나는 아이들에게 어떤 세계를 얼핏 엿보게 했고, 그 때문에 아이들은 그 세계에 목말라하고 있었다. 그 목마름의 고통을 겪어야 할 아이들을 위해 나는 싸워야만 했다. 나와 삶을 함께해 주겠느냐는 물음에 아미나타가 보내온 '그래요.'라는 대답은 그런 직관을 확신으로 바꾸어 놓았다.

무사 형과 함께 다시 야영지 순례에 나섰다. 부모들은 첫해의 성공을 보고 어느 정도 마음을 놓은 터라 우리에게 기꺼이 아이들을 맡겼다. 나는 열다섯 명의 아이들을 데리고 타보예로 돌아왔다. 2학년으로 올라가는 열여덟 명의 학생 밑으로 신입생이 생긴 것이다. 올해는 여자아이도 네 명이 있다. 여자아이를 학교에 보낸다는 것은 이례적인 일이다. 투아레그족의 가정에서는 여자가 야영지의 중심 역할을 한다. 그러므로 여자들은 태어날 때부터 삶이 결정되어 있다. 야영지에서 태어나 야영지에서 죽는 것. 한곳에 정착하지 않고 끊임없이 떠도는 유목생활의 균형을 유지하기 위해 여자들이 움직이지 않는 중심축 역할을 하는 것이다. 그럼에도 불구하고 부모들은 첫해의 성공에 고무되어 자기 아이들에게 또 다른 삶을 마련해 줄 수 있다는 생각을 하게 되었다. 심지어 딸들에게도 말이다. 아미나타의 존재가 어머니들을 설득하는 데 큰 힘이 되었다. 투아레그족 여자 한 사람이 자신의 딸 곁에 있어 줄 거라는 사실에 어머니들은 마음을 놓았다. 이제 사막학교는 계속 앞으로 나아갈 수 있다.

교실이 하나 더 필요했다. 우리는 마을 귀퉁이 어느 무너진 집의 잔해를 모아 와서 두 번째 교실을 지었다. 테리야 소와 테리야 아미 말리가 이 공사를 지원해 주었다. 3월에는 테리야 소가 보내온 후원금 덕분에 조리사를 고용할 수 있었다. 이제 나는 수업만 담당할 수 있게 됐다.

  올 한 해는 의미 있는 일 년이었다. 우리의 계획은 힘을 얻었다. 학교는 점차 공동체 내에 굳건히 자리 잡으며 사람들의 생각을 변화시키기 시작했다. 부모들과 아이들이 학교는 반드시 있어야 할 곳이라는 사실을 마침내 인정하게 된 것이다. 연말이 되자 나는 결심이 섰다. 나의 미래를 학교를 위해 바치기로 말이다. 첫해 입학생들은 이제 글을 읽고 쓸 줄 안다. 뿌린 씨앗이 드디어 결실을 맺은 것이다. 송가이족과의 갈등을 풀 수 있었다는 것이 우리가 거둔 큰 승리였다. 우리가 타보예에 학교를 열었을 때 송가이족과 투아레그족 사이에는 투아레그족 항쟁으로 빚어진 반목의 분위기가 감돌고 있었다. 그런 분위기에서 송가이족 마을에 투아레그족 학교를 세우다니! 그야말로 도박이었다. 우리 아이들이 송가이족 아이들과 같은 물을 마시고, 같은 놀이를 하고, 같은 병을 앓는다. 투아레그족 아이들을 송가이족과 더불어 살게 한다는 건 아주 상징적이다. 이것은 화해의 몸짓이다.

  희생 아닌 기쁨

  학교는 점차 자리를 잡고 있다. 그러나 생활 여건은 여전히 어렵다. 나의 아내, 학생들, 조리사, 그리고 내가 같은 방에서 생활한다. 우리는 공동생활에 익숙한 사람들이지만, 그렇더라도 사막에 있을 때는 넓은 공간을 누릴 수 있다. 타보예에서는 비좁은 공간에서 서로 몸을 포개듯이 하고 지내야만 한다. 꿈을 품은 사람은 때때로 그 꿈에 대한 대가를 치러야 하는 법이다.

아무것도 없는 상태에서 학교를 세웠던 우리가 이제 교실을 또 하나 지었다. 수업 환경에서도 큰 발전을 이루었다. 맨바닥에 자리를 깔고 앉는 대신에 마침내 책상과 의자를 갖게 된 것이다! 교실에 책상과 의자를 갖추는 일은 부렘 교육위원회가 지원해 주었다. 교사도 한 명 더 필요했다. 우리를 후원해 주는 테리야 소가 두 번째 교실 건축 비용과 두 번째 교사의 봉급을 지원해 주겠다고 했다. 새로 온 교사 하마다는 회계원이고 타보예 출신이다. 그는 송가이족이어서 타마세크어를 모른다. 그러나 아이들은 하마다와 아주 빠르게 친해지고 있고, 또한 프랑스어로만 의사소통을 해야 하는 터라 프랑스어 실력도 쑥 늘었다. 마을 사람들도 우리가 교실을 하나 더 짓는 것을 보고는 학교의 취지를 인정하게 되었다.

마침내 우리는 신뢰를 얻었다. 송가이족이 우리의 계획을 존중하기 시작했다. 학부모들은 자녀의 학비를 물품으로 내는 데 동의했다. 그들은 우리에게 염소젖, 치즈, 말린 고기, 버터 등을 가져온다.

올해 있었던 중요한 일은 프랑스 교사인 세바스티앙 다비드가 우리 학교에 와서 교수법을 전수해 준 일이다.

연말 파티 때 우리는 시 당국에 학교 건립 계획을 제안했다. 학교를 짓자면 기숙사까지 함께 들어설 수 있는 대지가 필요했다. 부렘 도지사는 우리 계획에 호감을 보이며 9천 제곱미터의 땅을 ENNOR 협회에 무상 증여해 주었다. 우리의 첫 번째 승리였다!

그해 여름, 나는 프랑스로 떠나게 된다. 이번에는 나의 꿈에서 도망치기 위해서가 아니라 반대로 그 꿈이 실현될 주춧돌을 놓기 위해서였다. 건축 부지를 확보했으니 이제 해야 할 일은 벽을 세우고 지붕을 올릴 방법을 찾아내는 것이었다.

무사의 주선으로 나는 에타르 협회(아프리카 프랑스어권 지역에 대한 지원을 목적으로 설립된 인도주의 단체 에타르는 타마셰크어로 '별'이라는 의미이다 – 옮긴이)의 초청을 받아 몽펠리에 '지중해의 속삭임' 페스티벌에서 기타를 연주하게 된다. 하늘이 내려 준 기회였다. 페스티벌이 끝난 후 나는 에타르 협회의 도움으로 몽펠리에에 남아서 가장 절실한 기숙사를 세울 방법을 모색한다. 사실 우리가 지내던 공간은 인원에 비해 너무 좁아서 더 이상 그곳에서 지낸다는 게 불가능한 상황이었다. 바른길을 걸어가는 한, 우연은 언제나 우리에게 미소 지어 주는 법이다. 이번에도 행운이 우리를 찾아 준다. 에타르 협회 회장이 마침 건축가였던 것이다. 우리는 건물 설계, 건축 물자, 건축 비용 문제를 앞에 놓고 밤낮으로 연구했다. 이제 사막학교는 눈앞에 가로놓인 해협을 건너갈 수 있게 되었다. 그리고 나는 이 긴 항해의 선장인 것이다.

아미나타와 내가 함께 지낸 첫해, 아이를 갖지 않으려 하는 우리의 속사정을 이해하는 사람은 아무도 없었다. 우리는 너무도 힘든 여건 속에서 생활하고 있었기에 그런 상황을 우리의 아이에게까지 짊어지게 하고 싶지 않았다.

결혼 2년째 되는 해, 우리는 계속 학교에 남기로 마음먹는다. 그러나 학부모들은 아이도 없는 젊은 부부란 그다지 안정적이지 않다고 여겼다. 학부모들은 우리 부부가 언제든지 모든 것을 내버리고 떠날 수 있을 것이라 생각했다. 우리의 굳은 결의를 보여 주기 위해 우리는 아이를 갖기로 했다. 아무리 힘든 대가를 치러야 할지라도 말이다. 우리의 자식이 이런 생활 조건을 참고 견디기를 바라지 않으면서 어떻게 다른 아이들에게는 그러기를 요구할 수 있겠는가? 우리의 진정성을 입증하려면 우리 가족이 먼저 모임에 뛰어들어야 하는 것이다. 그리하여 나나는 학교에서 잉태되어 학교에서 태어나 학교에서 자라고 있다. 나나는 내가 가오와 바마코에서 학업을 계속하는 동안 나를 따듯이 돌봐 주고 격려해 준 고모의 이름이다. 나는 고모의 이름을 따서 딸의 이름을 지음으로써 그 당시의 열정을 계속 간직하고자 했다. 2년 뒤에는 나나의 남동생 하마디가 태어났다. 두 아이뿐 아니라 학교의 아이들 모두가 어떤 의미에서는 이미 우리의 자식인 셈이다.

이제 학교는 더 이상 희생이 아니라 생생한 기쁨이다. 나는 정당한 목적을 향해 나아가고자 한다면 그 길이 아무리 어리석어 보일지라도 과감히 발을 내디딜 수 있다는 것을 보여 주었다. 우리의 신념은 모든 의혹과 불안을 이겨 냈다. 터무니없어 보이는 꿈을 추구할지라도, 그 꿈이 올바른 것인 한 언제나 목표에 도달하게 되는 법이다.

모래 속에 선 학교

2005년 여름 내내 나는 밤낮없이 기숙사 건축공사에 매달린다. 기숙사는 공사비를 최대한 절약하면서도 생활하기 편리하고 견고한 건물이 되어야 한다. 아이들의 공동 침실, 교장 숙소, 식료품 저장실, 조리실, 욕실, 그리고 우물이 필요하다. 이 모든 공간을 다 갖추자면 얼마나 큰 건물이 되겠는가! 에타르 협회의 후원금만으로는 충분치 않았다. 그러나 이 문제는 어떻게든 해결할 수 있을 것이었다. 내게는 우리의 계획이 올바른 것이라는 믿음이 있었다. 게다가 내가 이 학교를 위해 모든 것을 버린 이후로 우연은 언제나 내 편에 서서 도와주었고 내가 가야 할 길을 인도해 주었다. 그러므로 우연은 이번에도 한 번 더 달려와서 나를 도와줄 것이었다.

테리야 소의 회원인 한 부부가 우리의 기숙사 건립 계획에 적극 공감해서 이 단체 외부에서도 후원금을 모금해 보고자 발 벗고 나선다. 또한 몽펠리에 부근 생젤리뒤페스크에 있는 앵테르마르

쉐(프랑스의 대형할인점 - 옮긴이)의 최고경영자도 무사가 그곳에서 한때 일했던 인연으로 우리에게 돈을 보내 준다. 2년 전 내가 연수 과정을 밟을 수 있도록 도와주었던 라이프 유럽 후원회도 우물 공사 비용을 지원해 준다.

공사는 2006년 11월 완공 예정으로 2005년 11월에 착공된다. 어려운 공사였다. 우물을 파는 일이 쉽지 않은 데다, 후원금은 찔끔찔끔 도착했다. 때때로 공사를 한 달간이나 중단해야 하는 경우도 생겼다.

그 와중에 마음 뭉클한 일도 있었다. 아이들이 수업이 없는 매주 수요일과 목요일 오후에 공사장으로 가서 일을 도왔던 것이다. 아이들은 이 공사가 자신들의 일이며 이 일을 통해 자신들의 미래를 건설하고 있다고 생각했다.

행운이 계속해서 나를 도와준다. 조단은 투아레그족 여인들의 삶에 녹아 있는 시를 주제로 연구논문을 쓰고 있는 젊은 프랑스 여성인데, 우연히 나와 만나게 된다. 나이저 강가에 앉아 메모를 정리하다가 나와 마주친 것이다. 그녀는 내게 자신의 연구논문에 대해 이야기하고, 나는 그녀에게 학교에 대해 이야기했다. 우리는 일종의 계약을 맺었다. 나는 그녀가 투아레그족 여인들의 노래 가사를 채록하는 일을 돕고, 그녀는 학교에 와서 학생들을 가르치기로 한 것이다. 그녀는 일 년 동안 우리와 함께 지냈다. 놀랍게도 그녀는 아이들에게 어머니, 선생님, 친구의 역할을 동시에 해냈다. 그녀는 여전히 나의 든든한 지원군이며 이 험난한 모험의 여정을 안전하게 밝혀 주는 별이다.

우리 학교에는 여학생이 4개 학년 통틀어 모두 네 명뿐이다. 학교가 점차 우리 공동체 사람들의 정신을 일깨우고 사고방식을 변화시키고 있다지만, 여자아이들에 관한 한 그런 발전은 여전히 어려운 상황이다. 지식은 갇혀 있는 정신을 해방시킨다. 그래서 부모들은 딸이 남자보다 더 많은 지식을 지니게 되는 것을 꺼린다. 딸의 앞길이 순탄하지 못할 거라고 하면서 말이다. 그럼에도 불구하고 학교에 오고자 하는 여자아이들의 수는 매년 점점 더 늘어나고 있다. 여자아이들을 학교에 보내는 것은 우리의 전통을 거스르는 일이기는 하지만 동시에 전통을 한층 강화하는 일이기도 하다. 우리 투아레그족은 자유로운 사람들이다. 그러니 여자들이라고 해서 어떻게 사막에 가두어 둘 수 있겠는가? 여자들 역시 자신의 삶을 선택할 권리가 있는 것이다.

2006년 2월, 새로 온 교사 한 사람의 봉급을 국가에서 지급해 주겠다고 한다. 우리는 학교의 미래에 대해 갈수록 자신감이 생긴다. 그러나 한 가지 슬픈 일을 겪게 된다. 학교에서 아이 한 명이 말라리아에 걸려 죽은 것이다. 이 일로 아이들은 마음에 상처를 입고 불안감에 빠진다. 아이들이 생각하기에 학교란 누군가 죽을 수도 있는 장소여서는 안 되는 것이었다. 학교란 삶의 갖가지 위험 요소가 침범하지 못하는, 따라서 안전하게 머물 수 있는 장소여야 했다. 아이들은 별안간 두려움에 사로잡힌다. 자신들이 안전하게 지낼 수 있는 장소는 세상 어느 곳에도 없다는 사실을 의식하게 된다. 가족과 떨어져 죽음을 눈앞에서 보게 됨으로써, 아이들은 불확실성으로 가득 찬 어른의 삶에 눈을 뜬다. 두려움을 진정시켜 줄 어머니도 가까이에 없다. 포장되지 않은 느닷없는 현실과 맞닥뜨려야 한다. 하지만 언제나 그렇듯이 삶은 계속된다.

여전히 살아 있는 꿈

2006년 11월 23일, 타보예는 탐탐과 기타 연주 소리에 맞춰 춤을 추었다. 밤은 우리가 벌이는 축하 잔치를 지켜보고 있었다. 사막학교에 우물과 기숙사가 완성된 것이다. 우리는 학부모들을 초대했고, 자녀를 학교에 보내지 않은 부모들까지 초대하여 우리가 신념으로 마침내 이루어 낸 것을 보여 주었다.

우리는 이제 클럽 메디테라네 재단의 지원을 받아 도서관도 갖추었다. 남은 문제는 더 많은 교실을 지어 우리 투아레그족 아이들이 보다 나은 조건에서 공부하고, 그리하여 자신의 미래를 빚어 나갈 수 있게 하는 일이다. 일 년 전 우리는 공립학교로 승격되었다. 이것은 중요한 진전이다. 투아레그족이 단결하여 발전을 도모하는 일이 필요하다는 사실을 국가가 인정한다는 의미이기 때문이다. 무사 형과 형의 친구들이 설립한 인도주의 단체 '사랑의 카

라반'이 후원해 준 덕분에 우리는 이제 미니버스로 학생들을 통학시킬 수 있게 되었다. 학생들도 방학 때면 야영지로 돌아갈 수 있다. 지금까지 학생들은 긴 여름방학 때만 사막의 가족에게로 돌아가곤 했다. 2007년 2월 24일, 축제 기간에 우리 학교는 정식 명칭을 얻었다.

'생텍쥐페리 사막학교'.

학교 설립사에 남을 멋진 성과가 또 한 가지 있다. 우리는 2007년 6월 11일 파리 그리용 호텔에서 생텍쥐페리 기념재단, 스위스의 시계회사 IWC의 대표자들과 만나 교실 세 개의 증축 비용을 지원해 주겠다는 약속을 받았다. 우리 앞에 미래는 활짝 열려 있다. 이건 우리의 꿈과 진심에서 우러나온 계획이 가져온 선물이다.

6학년을 마친 아이들은 중학교로 진학해야 한다. 그들은 투아레그족 공동체 밖으로 나가서 자신의 역량을 발휘해야 할 것이다. 우리라는 이름의 가족을 떠나서 자신이 가치 있는 존재임을 스스로 입증해 보여야 하는 것이다. 나는 그들에게 청년기의 삶 속으로 뛰어들기 위한 발판과 균형감각을 부여해 주고자 애쓰고 있다.

별빛 아래 빛나는

밤에 아내와 아들, 딸과 나란히 앉아 하늘의 별을 바라볼 때마다 삶이란 참으로 아름답다는 생각을 하곤 한다. 삶에는 모든 것이 있다. 정말로 그렇다. 나는 여러 해 동안 이 학교를 위해 싸웠고, 이제 단단히 뿌리를 내렸다. 아직 허약한 부분이 있기는 해도 사랑받기에 부족함이 없을 만큼, 또한 꿈의 결실이라고 하기에 충분할 만큼 학교는 활기 있고 힘차게 돌아가고 있다.

푸른색 교복을 입은 까까머리 아이들이 바닥에 자리를 깔고 줄지어 앉아 있다. 쪽빛 베일을 쓴 여자아이들은 행복한 표정으로 서로의 손을 꼭 잡고 있다. 오늘 저녁 학생들은 영화를 보고 있다. 모래 위에 장치해 놓은 텔레비전 수상기는 그것과 연결된 발전기의 소음 때문에 배우들의 목소리가 잘 들리지 않긴 해도 아이들뿐 아니라 어른들의 혼까지도 쏙 빼놓을 만큼 재미있다. 그것은 별빛 아래서 눈을 뜨고 꾸는 꿈이다. 나는 매주 가오에서 DVD 한 편을 가져온다. 그것이 아이들에게 세상으로 열린 창이 되어 준다.

영화가 끝나자 몇몇 아이들은 공동 침실로 들어간다. 모래 위의 방 두 개. 하나는 사내아이들이 함께 쓰는 방이고, 다른 하나는 여자아이들의 방이다. 아이들은 자리 위에 나란히 누워 잔다. 벽에는 옷과 소지품을 정리하기 위한 저마다의 옷걸이가 있다. 그렇지만 대개의 경우 아이들은 거기 걸어 놓을 것이 없다. 침실로 들어가지 않고 여전히 바깥에 남아 담요를 몸에 두르고 있는 아이들도 있다. 별빛이 아름다운 밤이기 때문이다. 아이들은 이렇게 별빛 아래서 잠이 든다. 눈길을 하늘로 돌려 가만히 별을 응시하다가 그 자세 그대로 말이다. 그럴 때면 종종 나는 그들이 어떤 꿈을 꾸고 있을지 궁금해진다. 그들은 어떤 미래를 꿈꾸고 있을까? 어떤 갈망, 어떤 열정을 품고 있을까? 장래 계획에 대해 물어보면 그들은 가오나 바마코에 가서 장사를 하겠다거나, 트럭 운전수가 되겠다거나, 아니면 정치에 뛰어들어 투아레그족 공동체의 권익 보호를 위해 일하겠다고 대답한다. 여자아이들은 간호사나 교사가 되는 것이 꿈이다. 때때로 단 한 가지 소원밖에 없다고 말할 때도 있다. 야영지로 돌아가서 끝까지 투아레그족의 전통을 지키며 살고 싶다는 것이다. 그것은 유목민으로 남고 싶다는 소원, 다시 말해 자유롭게 살고 싶다는 소원이다.

나는 기숙사 조리실에 딸린 숙소에서 생활한다. 매일 아침 동틀 무렵 나는 조리사가 아이들의 식사를 준비하는 소리를 들으면서 잠이 깬다. 아이들은 벌써 일어나 우물가에서 텀벙거리며 세수를 하고 있다. 그들의 활기에 사방으로 물이 튄다. 수업과 식사 시간을 제외하면 나머지는 학생들이 자유롭게 쓸 수 있는 시간이다. 그 시간에 아이들은 자신이 하고 싶은 일을 한다. 나는 아이들에게 취침 시각과 기상 시각을 강요하지 않는다. 아이들은 원할 때 잠자리에 들고 자유롭게 자리에서 일어난다. 그럼으로써 아이들은 책임감을 배운다. 나는 아이들이 수업에 빠지는 것에 대해서는 앞의 경우와는 반대로 그냥 넘어가는 법이 없으니까 말이다. 그렇지만 학과가 모두 끝나면 아이들은 아무 간섭도 받지 않고 자신이 하고 싶은 것을 하며 시간을 보낼 수 있다.

아침 식사를 기다리는 동안 레일리는 밝아 오는 새벽빛 속에서 혼자 춤을 춘다. 그 아이가 그러는 데는 별다른 이유가 없다. 그저 해가 떠오르고 자신은 살아 있으므로 춤을 추는 것이다. 레일라는 환히 밝아 오는 빛을 아이의 기쁨과 열정으로 찬양한다. 레일라에게서 멀지 않은 거리에 염소 떼를 모는 아이가 보인다. 염소들을 목초지로 데려가고 있는 것이다. 이렇게 하루가 시작된다.

학교는 마을 어귀에 자리 잡고 있는데 가까이에 강이 흐른다. 수업 시간에 아이들은 때때로 딴청을 피우느라 창밖을 내다보고 있을 때가 있다. 매일 똑같은 풍경이 그들을 기다린다. 송가이족 여인네들이 나뭇짐을 머리에 이고 간다. 쾌활하고 웃음 띤 얼굴들이다. 한 남자가 수레에 짐을 싣고 있고, 옆에는 당나귀 한 마리가 뜨거운 태양빛을 받으며 서 있다. 다른 당나귀 한 마리는 자꾸만 종종걸음을 쳐서 그때마다 주인은 허둥지둥 달려가 당나귀를 붙잡아야 한다. 이윽고 쉬는 시간이다. 네 학급이 함께 모여 공놀이를 한다.

학교 수업이 파하면 어떤 학생들은 도서관에 틀어박혀 시간 가는 줄도 모르고 책장을 넘긴다. 프랑스에서 아이들에게 보내온 그 책들은 다른 세계에 대한 기약이다. 그러다가 날이 어둑어둑해지면 아이들은 저녁기도를 올리러 간다. 기숙사 옆에는 우리가 직접 돌벽을 쌓아 지은 작은 모스크(이슬람교 사원 – 옮긴이)가 있다. 아이들은 마음껏 깡충거리고 이리저리 뛰놀면서도 그 돌벽을 망가뜨리는 법이 결코 없다. 그리 견고하지는 못한 그 벽이 우리가 기도를 올리는 작은 공간을 신성하게 해 주는 경계선이기 때문이다.

밤에 화롯가에 모여 있을 때면 이따금 마치 마법처럼 파티가 벌어질 때도 있다. 아이들은 큰 통을 두드리며 노래를 부른다. 나는 기타를 친다. 작은 얼굴들에 행복이 어린다. 표정들은 진지하다. 우리에게 노래란 엄숙한 것이기 때문이다. 노래는 밤의 동반자가 되어 밤에 목소리를 부여해 준다. 노래를 통해 밤의 고요함이 되살아난다. 노래는 일상의 삶에서 벗어난 무엇이 아니라 삶에 바치는 일종의 제의이다. 리듬이 한층 강렬해지면 아이들은 춤을 추기 시작한다. 나도 그들 사이에 끼어 함께 춤을 춘다. 프랑스에서라면 학교 교장이 밤늦은 시각에, 더구나 주말도 아닌 주중에, 학생들과 어울려 춤을 추는 일은 없을 것이다. 그렇지만 우리는 한 가족이다. 또한 나는 함께 어울려 춤추는 이런 즐거운 순간들이 아이들에게 힘을 주고 용기를 북돋아 준다는 사실을 안다.

  매일 나는 아이들이 얼마나 배움에 목말라하는지를 보면서 놀라곤 한다. 아이들은 배움이 자유로 나아가는 문이라는 걸 알고 있다. 이처럼 아이들은 언제나 눈을 뜰 준비가 되어 있는 존재들이다. 아이들은 모든 것에 호기심을 품고 모든 것에 흥미를 보인다. 이들은 배움을 꿀꺽꿀꺽 삼킨다. 그렇지만 이 배움의 삶이란 삼키면 삼킬수록 배고픔을 알게 해 주는 것이다.

굶주림과 목마름은 여행 중에 길동무가 되어 주어도 목적지에 도착하면 언제 봤냐는 듯 당신을 저버리지만, 여행 도중 배운 것만은 언제까지나 당신에게 남아 있다.

푸른 옷의 어린 왕자들
_이브라힘이 전하는 사막학교 아이들 이야기

생텍쥐페리 사막학교 찬가
-이브라힘 교장과 사막학교 아이들 지음

사랑하는 가족, 가축들, 사랑하는 어머니의 품을 떠나서
우리는 지식을 찾아 나섰죠. 우리는 지식을 얻어서
우리의 땅, 넓디넓은 그곳으로 돌아갈 거예요.
이제 우리는 스스로의 선택으로
우리의 땅에 남을 수도 있어요.
우리는 교육을 받게 될 테니까요.
우리는 공동체, 여러 나라들 틈에서도
분열되지 않고 하나로 뭉치죠.
그 무엇도 더 이상 우리를 유린할 수 없고,

우리에게 굴욕을 안길 수 없어요.

사랑의 편지들이 쓰일 테니까요.

시들이 춤출 테니까요.

길들이 뻗어 나갈 테니까요.

그리고 묻혀 있던 우리의 역사가 떠오를 테니까요.

제비뽑기

공동체의 아이들 전부를 학교 기숙사에 받아들이기는 어렵다. 그래서 입학 연령인 일곱 살에 이른 아이를 각 가정에서 선발한다. 그렇게 해서 학교에 들어온 아이는 그 가족을 대표하는 사절이 된다. 남은 형제자매들이 외롭지 않도록 하자면 한 가정의 사절이 두 명 이상 되어서는 안 된다. 학교가 두 명의 학생을 받아들이는 것은 형제의 수가 많은 대가족일 경우에만 가능하다. 부모들에게는 야영지에 남아 일을 도와줄 아이들이 필요하기 때문이다. 학교가 가족생활의 균형을 흔들어 놓아서는 안 된다.

때때로 나는 난감한 상황과 맞닥뜨리곤 한다. 형과 아우가 모두 학교에 가고 싶어 했기 때문에 둘 중에서 제비뽑기로 한 아이만 뽑아야 했던 적도 있었다. 형은 야영지에서 많은 일을 맡아 해내는 일꾼이었고, 아우는 게으름뱅이였다. 제비뽑기 결과 형이 학교에 가게 되었다. 아버지는 몹시 불만스러워했지만, 그래도 이 우연의 결정을 존중했다. 그러나 일 년 후 아버지는 또 한 번 제비뽑기를 하자고 제안했다. 이번에는 동생이 뽑혔다. 이제 동생은 학교에 가고 형은 사막에 남아 있게 된 것이다. 형은 총명한 학생이었다. 그러나 형을 학교에 보내 달라고 아버지를 설득하기란 불가능했다. 아버지로선 큰아들의 일손이 꼭 필요했으니까 말이다. 아무래도 운명을 믿고 따라야만 했다. 동생은 방학 동안 야영지로 돌아가서 학기 중에 배운 것을 형에게 가르쳐 준다. 미지의 세상을 향해 창문 하나는 열려 있는 것이다.

홀로 남은 모사

삶이란 섬이 아니라 강물이어서 자칫하면 빠질 수도 있다.
때를 기다리면 또 한 번 배를 만나게 되는 법이다.

투아레그족의 가정에서는 부모가 이혼할 경우 아이들의 양육권은 아버지가 갖는다. 아버지로서는 자신의 아이들을 다른 남자가 가르치고 부양한다는 사실을 결코 용인하지 못할 것이다. 마찬가지로 재혼한 남편 역시 자신의 아내가 다른 남자로부터 양육비를 받는 일을 용인하지 못한다.

모사의 부모는 이혼했다. 어머니는 알제리에서 재혼해서 살고 있다. 아버지는 바마코에서 일자리를 구해 보려 오랫동안 애를 썼지만 결국 구하지 못했다. 그렇게 되자 그는 자신도 알제리로 떠나기로 마음먹고 모사도 데려가려 했다. 우리로선 모사가 먼 조카뻘이 되는 데다 부모의 이혼에 이어 설상가상으로 낯선 곳에 가서 뿌리 뽑힌 느낌까지 겪어야 할 것이 내키지 않았다. 우리는 모사를 타보예의 학교에 보내 달라고 그의 아버지에게 부탁했다. 그는 그러겠다고 했다. 아들에 대한 사랑으로 안정된 생활을 마련해 주고자 헤어지는 쪽을 택한 것이다. 그때 모사는 일곱 살이었다. 모사는 학교에서 생활하다가 방학 때면 우리 아버지의 야영지로 가서 지낸다.

모사의 아버지는 알제리에서 일자리를 찾았고, 그 후론 돌아온 적이 없다. 모사가 부모의 얼굴을 보지 못한 지도 4년이 됐다. 그가 부모를 언제 다시 만날 수 있을지 기약도 없다. 그렇지만 아주 어린 나이에 그는 자신의 운명과 홀로 마주섰다. 그리고 그 운명을 받아들였다. 이제 열두 살이 된 그는 자신의 삶을 의미 있게 만들기 위해 열심히 노력하고 있다.

모사는 공부를 하면서 슬픔을 잊는다. 총명하고 집중력이 뛰어난 그는 대부분의 시간을 독서와 글쓰기로 보내고, 또 많은 질문을 던진다. 그는 모든 것을 흥미로워한다. 호기심으로 반짝이는 눈빛에는 어른 같은 성숙함이 묻어난다. 다른 아이들이 축구를 하며 노는 동안 혼자 모래언덕에서 책을 읽고 있는 모사의 모습을 보는 건 드문 일이 아니다. 모사는 자신의 처지가 다른 아이들과 다르다는 사실을 안다. 사실 어떤 의미에서 그는 가족이라는 뿌리를 잃어버린 것이다. 사람은 때때로 가난 때문에 헤어지기도 한다는 사실을 그는 벌써부터 알아차렸다……. 지금은 잃어버린 그 가족을 앞으로 그는 혼자 힘으로 만들고 이루어 나가야 할 것이다.

반항아 우마르

인생살이에서는 화를 누르며 잠을 청하는 것이
잠에서 깨어나 미움을 품는 것보다 낫다.

우마르의 아버지는 삼 년간 학교에 다닌 경험이 있고, 그 후로도 라디오를 들으며 혼자 프랑스어를 익혔다. 그는 자신의 아들에게 제대로 된 학교교육을 받게 해 주고 싶었다. 자신이 얻지 못한 배움을 아들은 얻게 되기를 바랐다. 그러나 그는 우마르가 겨우 네 살일 때 그만 세상을 떠나고 말았다. 우마르는 어머니와 단 둘이 가오에서 살면서 어머니의 사랑을 자양분 삼아 자라났다. 그러나 또 한 번 큰 고난이 닥쳐와 우마르의 삶을 흔들어 놓는다.

1994년 투아레그족 항쟁의 반동으로 투아레그족에 대한 보복이 자행되던 당시, 송가이족 사람들이 우마르의 집을 망치로 때려 부수고 소중한 물건들, 우마르 모자가 외롭게 살면서도 억척스레 일해서 모아 둔 돈을 남김없이 약탈해 간 것이다. 우마르 모자는 밑바닥부터 다시 시작하지 않을 수 없는 처지가 되어 알제리로 떠났다. 그때 우마르는 다섯 살가량이었다. 4년 후 정치 상황이 안정을 되찾자 우마르 모자는 말리로 돌아왔다. 그때 또 한 가지 사건으로 우마르의 삶에 파란이 생긴다. 어머니가 사막 유목민과 재혼한 것이다. 그러자 친가 쪽에서 삼촌이 찾아와 우마르를 어머니에게서 떼어 내 데려갔다. 우마르는 모든 것을 잃고 말았다. 처음에는 아버지, 이어서 집, 돈, 그리고 마지막으로 그에게 가장 소중한 존재이던 어머니까지 말이다.

  우마르는 다루기 힘든 아이가 되었다. 너무나 많은 불행을 겪은 탓이었다. 삼촌의 집에 온 그는 몹시도 사납고 거친 모습을 보이곤 했다. 날이 갈수록 그는 거의 제정신이 아니라고 할 정도로 난폭해졌고 극도로 폭력적인 행동을 했다. 울부짖다가 웃음을 터뜨렸다가 눈물을 흘리기도 했다. 그는 학교에 가지 않으려 했다. 과거의 일 때문에 송가이족들과 마주치기 싫었던 것이다. 그는 걸핏하면 아이들에게 돌을 던져 댔다. 이렇게 암울한 일 년을 보낸 뒤 그는 사막에서 가축을 치는 사촌의 집에 맡겨졌다.

  사촌의 야영지로 온 우마르는 그곳의 하인 노릇을 했다. 가축을 돌보고 우물을 찾아 물을 길어 오고 불을 피워야만 했다. 그는 점점 말을 잃었다. 예전에는 비록 뒤틀리고 난폭하긴 했지만 활기가 넘치는 아이였다. 그러나 이제는 벙어리처럼 침묵 속으로 빠져들었다. 이런 상태, 세상 모든 것에 무감각한 상태로 그는 야영지에서 2년을 보냈다. 두 번째 해가 지나기 전 그는 그곳에서 도망쳤다. 가오의 삼촌 집으로 돌아갈 작정이었다. 걷는 것 외에 다른 수단이 없었으므로 길 위에서 갈증으로 죽을 수도 있었다. 다행히 도중에 유목민들을 만나 최악의 상황은 면할 수 있었다.

나는 우마르를 더 이상 그런 혼란과 방황 속에 내버려 둘 수 없었다. 나 역시 그의 아저씨뻘 친척이었으므로 그를 보살필 의무가 있었다. 나는 우마르의 삼촌에게 그를 학교에 맡겨 보라고 제안했다. 그에게 다시금 삶의 의욕을 북돋아 주고 싶었다. 그의 아버지가 아들에게 품었던 꿈을 이루어 주고 싶었다.

타보예에서 몇 달 지낸 끝에 우마르는 다시 말을 하기 시작했다. 가끔은 여전히 아무 이유 없이 울부짖는 일이 있지만, 그런 행동도 점차 사라지고 있다. 때로는 그저 약간의 사랑을 주는 것만으로도 충분히 아이에게 다시 희망을 심어 줄 수 있는 것이다.

꼬마 천재 엘메흐디

사람은 아주 작다.

육체가 아닌 마음에 자리 잡고 살아가는 존재이니까.

엘메흐디는 4학년이다. 학급 동료들은 열 살가량인 데 비해 그는 여덟 살밖에 안 됐다. 네 살 반일 때 학교에 왔기 때문이다. 입학하기에는 너무 어렸지만 형을 따라가겠다고 막무가내로 고집을 부리는 바람에 어쩔 수 없었다. 그의 부모는 마음이 모질지 못해서 아들의 고집을 꺾지 못했다. 형제는 한 번도 떨어져서 지내 본 적이 없는 터라 앞으로는 혼자 커 가게 된다는 생각을 형도 아우도 견딜 수 없어 했다.

그렇게도 학교에 오고 싶어 하는데 모질게 문을 닫아걸 수는 없는 노릇이어서, 나는 엘메흐디의 자리를 일 학년 교실 한구석에 마련해 주었다. 다른 학생들을 상대로 수업을 하는 동안 그에게는 색깔을 칠하며 놀 그림공책을 주었다. 그에게 진지한 관심을 가져 준 사람은 아무도 없었다. 그는 프랑스어 읽기와 쓰기를 배우기에는 나이가 모자란다는 이유로 무슨 일이든 하고 싶은 대로 할 수 있었다. 그러나 그는 하루도 빠짐없이 수업 시간에 교실에 앉아 있었다. 감탄스러울 만큼 얌전하게 자리를 지키면서. 그가 없으면 뭔가 부족한 듯이 느껴질 정도였다. 어쩌다 그가 수업을 빠지는 날에는 모두들 허전해했다.

그에게 재미있는 놀잇거리를 준다는 기분으로 나는 그가 조르는 대로 학년 말 시험을 치르게 했다. 천만뜻밖에도 놀라운 일이 벌어졌다. 그가 일등을 한 것이다! 그 누구도 납득할 수 없는 일이었지만 어쨌거나 그가 거둔 성적은 분명 반에서 일등이었다! 그 자신도 그런 좋은 성적을 얻으리라고는 생각지 못하고 있었다.

지금도 여전히 엘메흐디는 반에서 가장 어리고 또 공부를 가장 잘한다. 그는 공부에서 어린아이 특유의 기쁨을 맛보는데, 그런 것이 보는 사람을 유쾌하게 만든다. 무슨 내용이든지 그에게는 쉬워 보인다. 사실 그는 집중력이 아주 높아서 무엇을 배우든 머릿속에 쏙쏙 빨아들이곤 한다. 특히 그에게는 한 가지 중요한 재능이 있다. 바로 모든 것에 호기심을 가지는 것이다.

나쁜 길로 빠진 아유바

집을 나섰다가 돌아올 때 아침에 남긴 발자국을 찾지 못하면
길을 잃은 것이라는 사실을 명심하라.

투아레그족에게 결혼은 절대로 깰 수 없는 신성한 관계가 아니다. 결혼은 사랑을 전제로 한다. 서로에 대한 사랑이 더 이상 남아

있지 않을 때 부부는 이혼한다. 서로 사랑하지 않는 부모 밑에서 자라는 것이 아이들을 한층 고통스럽게 만든다는 사실을 인정하기 때문이다.

아유바는 아직 어릴 때 부모의 이혼을 겪었다. 그의 아버지는 그를 학교에 맡기면서 아들이 우리 곁에서 안정을 찾기를 바랐다. 아유바가 2학년이던 해, 학년 말의 어느 날 어머니가 다시 나타났다. 어머니는 여러 해 동안 아들을 보지 못한 터라 한참 동안이나 아들을 품에 끌어안고 있었다. 그러고는 우리에게 아들을 데려가겠다고 말했다. 그녀는 알제리로 가는 길이었는데, 아들을 남겨 놓고 간다는 건 절대로 있을 수 없는 일이라고 우겼다. 아유바는 떠나지 않으려 했다. 나는 어머니의 마음을 돌려 보려고 갖은 애를 썼지만 그녀는 귀를 딱 닫은 채 요지부동이었다. 그녀는 아들의 장래를 결정할 권리를 쥔 유일한 사람이었다. 만일 아버지가 그 자리에 있었다면 그녀를 말릴 수 있었겠지만, 어디 가서 그를 찾아야 할지 몰랐다. 아유바는 떠나면서 우리를 돌아보고 또 돌아보고 했다. 행여 자신을 붙잡아 줄지도 모른다는 실낱같은 희망 때문이었다.

3년이 흐른 뒤에 그의 어머니가 아들을 데리고 다시 돌아왔다. 그녀는 부쩍 나이 들어 보였고, 아유바는 어딘가 달라진 모습이었다. 그는 바짝 야위었고, 머리카락은 제멋대로 헝클어졌고, 누더기 옷을 걸치고 있었다. 게다가 우리의 눈을 바로 보려 하지 않고 자기 발만 뚫어지게 쳐다보았다. 마치 두 발이 있다는 걸 확인해야 조금이라도 안심이 되는 듯했다. 알제리에서 가난하고 외롭게 지내면서 그는 나쁜 길로 빠져들고 말았다. 그의 어머니가 아들이 거리의 불량배가 되었다는 이야기를 절망적인 심정으로 내게 털어놓았다. 그는 빈민가 소년들과 무리를 이루어 돈을 훔치고 본드를 흡입했다고 했다. 걸핏하면 난투극을 벌여 밤마다 피투성이가 되어 집으로 돌아왔다. 어머니가 근근이 돈을 벌어 사준 옷을 싸움판에서 찢거나 아니면 담배와 맞바꾸곤 했다. 내가 알던 그 수줍고 온화한 소년이 그럴 수 있으리라는 게 도저히 상상이 되지 않았다. 하지만 어머니의 말을 확인해 주려는 듯 남자아이들의 침실에서 싸움이 벌어졌다. 아유바가 돌멩이를 손에 쥐고 한 학생을……. 아유바의 어머니는 당황해서 어쩔 줄 모르며 아들을 학교에 받아 달라고 부탁했다. 그 일은 내가 살아오면서 맞닥뜨렸던 가장 힘든 결정 중의 하나였다. 만약 아유바를 학교에 받아들인다면 그 아이로 인해 기숙사의 평온한 분위기가 깨질지도 몰랐다. 하지만 그를 내친다면 아이의 장래는 한층 더 암담해질 터였다. 게다가 내 마음속에는 내가 그를 바로잡을 수도 있을 거라는 생각도 있었다. 아내도 그 아이를 받아들이라고 밤새나를 설득했다. 그렇지만 아유바는 예전의 그 아이가 아니었다. 그의 안에 있어야 할 뭔가가 망가져 버렸다. 때문에 다른 아이들까지 망가뜨려서 나쁜 길로 끌고 들어갈지도 몰랐다.

나는 거절했다. 때로는 자기 능력의 한계를 인정해야 할 때도 있는 법이다.

의젓한 비사다

경주에 내보낼 낙타는 우리에 가두지 마라.
그래야 낙타가 마음껏 자신의 재능을 발휘할 수 있고,
또 그래야 경주에서 이길 수 있다.

비사다는 여덟 살치고는 키가 아주 작다. 하지만 벌써 의젓한 모습을 보여 준다. 3학년으로 올라오는 동안 그는 언제나 반에서 일등을 놓치지 않았다. 그의 부모는 글을 모른다. 그러나 아들에게 가축을 돌보는 법을 가르치면서 또한 유목민의 용기와 덕목도 가르쳤다. 비사다는 몸집은 작지만 행동은 맏형 같은 모습을 보여 준다. 학생들끼리 투덕거리는 일이 있으면 나서서 화해시키고, 밥을 먹었는데도 여전히 배고프다고 하는 아이가 있으면 자신의 밥을 한 숟가락 덜어 주기도 하고, 자신의 담요를 함께 덮기도 하고, 투아레그족의 미래에 대해 벌써부터 일장연설을 늘어놓기도 한다. 커서 무엇을 하고 싶으냐고 물어보면 투아레그족을 하나로 잇는 대사가 되고 싶다고 주저 없이 대답한다. 자신이 배운 지식을 공동체에 가르쳐 주겠다는 말도 한다. 그러기 위해 유목민 거주 지역 몇 군데에 학교를 세울 계획도 갖고 있다는 것이다. 그는 아주 진지한 태도로 유목문화를 부흥시키기 위해 자신이 할 수 있는 일은 무엇일지 궁리하기도 한다. 비사다는 자기 나이에 갇혀 있지 않다. 그는 놀랄 만큼 성숙한 모습을 보여 준다.

그의 부모는 아주 가난한 터라 아들을 학교에 보내는 것이 엄청난 희생이었을 텐데도 그걸 감수하면서까지 그를 학교에 보냈다. 하지만 그런 희생을 보여 줌으로써 이미 그들은 자신들의 삶이 아들의 미래를 위한 선물이 되도록 했다.

나는 그를 부렘이나 가오나 바마코로 보내 규모 있는 학교에서 공부하게 할 생각이다. 부모의 가난과는 상관없이 그가 끝까지 교육을 받을 수 있도록 하겠다고 나는 스스로 다짐한다. 그의 재능이 그냥 묻히도록 내버려 둘 수는 없는 일이다. 그처럼 뛰어난 재능을 지닌 아이들이 우리 공동체의 미래를 짊어질 것이기 때문이다.

관습에 희생된 하디야

허공에 몸을 기댔다가는 바닥으로 떨어지기 십상이다.

하디야가 학교에 들어온 것은 여덟 살 때였다. 학교생활에 적응하느라 처음에 시간이 좀 걸린 이후로 학교는 하디야에게 또 하나의 가족이 되었다. 하디야는 무엇이든 배우는 속도가 빨랐다. 때로 사내아이들과 어울려 축구를 하기도 했고, 아이들이 어쩌다 무릎이라도 다치면 상처를 보살펴 주기도 했고, 조리사 아주머니가 밥을 할 때 옆에서 거들기도 했다. 하디야가 억눌린 데 없이 자유롭고 미래에 대한 꿈에 가득 차 있는 아이라는 건 누구라도 느낄 수 있었다. 그 아이는 어린 소녀치고는 보기 드물게 씩씩한 태도로 사내아이들을 대하곤 했다.

하디야는 이렇게 학교에서 밝고 행복하게 자랐다. 그러나 그 시간은 2년밖에 되지 않았다. 아버지가 그 아이를 찾으러 온 것이다. 아버지는 다짜고짜 딸을 야영지로 데려갔다. 나는 그에게 최소한 이유라도 말해 주어야 하는 게 아니냐고 따졌다. 그때 그가 한 대답을 나는 결코 잊지 못할 것이다.

"여자아이가 교육을 받게 되면 관습과 전통을 벗어던지려 하는 법이오. 그래서 아이는 어리석은 짓을 저지르고 임신까지 해서 나의 명예와 자신의 명예를 더럽히게 될 거요. 다른 사람들에게 본보기가 되라고 딸을 학교에 보내긴 했지만, 나는 내 딸을 위해 어떻게 해야 하는지 알고 있소. 이 아이가 열다섯 살이 되면 남편감을 찾아 결혼시킬 거요. 이 아이의 여동생도 마찬가지로 그렇게 할 것이고 말이오. 나는 내 딸이 결혼 전에 남자를 알게 하고 싶지 않소. 결혼한 다음에는 자신이 하고 싶은 걸 할 수 있겠지."

어린 유목민답게 가무잡잡한 하디야의 얼굴이 학교를 떠나던 순간에는 창백해졌다. 그 아이는 몸이 굳은 것처럼 아무 말이 없었다. 딸이 아버지의 말을 거역한다는 것은 있을 수 없는 일이다. 나는 아이에게 작은 책을 건네 주었다. 하디야는 책을 받아 재빨리 호주머니에 감추고 낙타 위 아버지의 등 뒤에 올라탔다.

그날 저녁에는 어느 아이나 노래를 부를 마음이 들지 않았다. 모사는 자리에 누워 밤하늘의 별을 바라보면서 밤늦게까지 남아 있었다. 누구에게 이야기한 적은 없지만 내 생각에 그때 모사는 하디야를 향해 말을 건네고 있었던 것 같다. 어린 소년의 마음속에 간직한 사랑을 고백하느라 말이다.

2년 후 하디야의 아버지는 사우디아라비아에 거주하는 한 말리인을 딸의 정혼자로 삼았다. 하디야는 겨우 열두 살이었다.

단식 투쟁을 감행한 레일라

물은 불보다 강하고, 한 소녀의 의지는 물보다 강하다.

레일라는 오랫동안 부모를 조른 결과 남동생이 학교에 입학할 때 함께 올 수 있었다. 레일라는 새롭게 만난 세계를 무척이나 흥

미로워했다. 송가이족 사람들, 학교, 처음 배우는 단어들, 숫자, 색깔, 손 뻗으면 닿을 거리에 있는 우물, 멋을 부린 차릴새, 텔레비전, 이 모든 것에 레일라는 매혹되었다. 이 소녀의 삶은 경탄의 연속인 것 같았다. 학급에서는 아주 얌전히 자리를 지키고 있었지만, 그럼에도 불구하고 성적은 뛰어났다. 나는 레일라를 보면서 여자아이가 그처럼 자유로운 정신을 지닐 수도 있다는 것, 특히 자신의 삶을 스스로 선택하고자 하는 열망을 품을 수도 있다는 것을 처음으로 느꼈다. 여자아이들로서는 어떤 꿈을 가진다는 게 쉽지 않은 일이니까 말이다.

그러나 레일라가 학교에서 지낸 지 2년이 흘렀을 때, 몸에 병이 있던 어머니가 딸을 데려가 곁에 두고자 했다. 나는 큰 고민에 빠졌다. 아픈 여인의 소망을 어떻게 거절할 수 있겠는가? 그렇다고 한 여자아이의 장래를 어떻게 막아 버린단 말인가? 그 아이에게는 다른 길이 없었다. 어머니가 원하면 그대로 따라야 했다. 명을 거역한다는 것은 있을 수도 없는 일이었다. 그래서 레일라는 야영지로 돌아가 몹시도 우울한 한 해를 보냈다. 그 아이는 혼자서라도 계속해서 책을 읽으려고 했다. 그렇지만 가르쳐 주는 교사 없이, 혹은 다른 학생들과 서로 견줘 볼 수도 없는 상황에서 공부를 한다는 것은 너무도 어려웠다.

여름이 끝나갈 무렵, 레일라는 결단을 내렸다. 학교로 돌아오기로 마음먹은 것이다. 어머니의 건강이 한결 좋아진 만큼 그녀를 붙잡아 둘 이유도 없었다. 그러나 부모는 딸을 학교에 돌려보내려 하지 않았다. 살림을 꾸려 나가는 데 딸의 도움이 요긴했기 때문이었다. 레일라는 단식으로 항의했다. 처음에 부모는 딸이 공연히 고집을 부려 보는 거라고 생각했다. 하지만 곧 깨달았다. 딸을 억지로 붙잡아 두려 하다가는 영영 잃어버릴 수도 있다는 사실을 말이다. 그들은 항복했다. 오늘도 여전히 레일라는 스스로 삶의 주인이 되려는 의지, 자신이 원하는 삶을 살아가려는 소망에서 성장의 힘을 길어 내고 있다.

배고픈 가가

> 굶주림과 목마름은 여행 중에 길동무가 되어 주어도 목적지에 도착하면 언제 봤냐는 듯 당신을 저버리지만, 여행 도중에 배운 것만은 언제까지나 당신에게 남아 있을 것이다.

가가는 오랫동안 부모를 졸라 마침내 학교에 들어왔다. 하지만 우리가 식사할 때 아무것도 입에 대지 못한다. 스스로도 굶어 죽기는 싫어서 먹으려고 해 봐도, 우리의 일상 음식인 국수와 쌀이 번번이 목에 걸려 넘어가지 않는다. 몸이나 머리가 그것을 거부하는 것이다. 야영지에서 지낼 때 그는 늘 염소젖과 굵게 빻은 밀 음식을 먹어 왔다. 나는 아이들이 식습관을 쉽게 바꾸려 들지 않는 경우를 예전부터 많이 보아 왔다. 그건 그들이 지닌 가치척도이기 때문이다. 그렇지만 다른 대안이 없다면 습관을 굽히는 것이 일반적이기도 하다.

  학교에 들어온 첫해 가가는 어느 음식도 입에 대지 않고 아침에 먹는 밀죽만 먹었다. 밀죽에는 굵게 빻은 밀이 들어가는 덕분이다. 그는 앙상하게 여위어만 갔다. 학교에서 지내는 것이 행복하지 않은지, 혹시 야영지로 돌아가고 싶은지 물어보면, 가가는 미안하고 창피하다는 듯 고개를 푹 숙이고는 학교에 계속 있고 싶다고 대답하는 것이었다. 그렇지만 학년 말이 되어 아들의 모습을 다시 보게 된 부모는 이듬해에는 아들을 학교에 보내지 않겠다고 했다. 아들의 건강이 걸린 문제이고, 자칫하다가는 아들을 굶겨 죽이겠다는 것이 이유였다. 부모의 말이 틀린 건 아니었다. 우리 역시 그 아이의 건강이 몹시 걱정이었으니까. 그러나 가가는 학교생활을 불행하게 느끼는 것 같지 않았다. 앞으로는 야영지에서 지내게 될 거라고 어쩔 수 없이 내가 말했을 때, 그 아이는 굳어 버린 듯 아무 반응이 없었다. 우리는 그를 사막학교로 다시 데려오지 않겠다고 이미 결단을 내린 상황이었다. 그러나 아이들을 다시 학교로 싣고 올 차가 가가를 빼고 막 출발하려는 순간, 가가는 차에 뛰어올랐다!

  요즘도 가가는 음식을 잘 먹지 않는다. 분유를 타 주어도 그것조차 마시지 않는다. 그는 굶주리면서도 학교에 남아 있다. 음식을 먹어 보려고 애를 쓰지만 여전히 몸이 번번이 거부 반응을 일으킨다.

배우고자 하는 소망이 굶주림보다 더 큰 힘을 지닌 것이다.

날개 꺾인 리사

과거는 현재를 말해 준다.
그러나 미래는 예측할 수 없이 다가온다.

리사의 이야기는 사막의 많은 아이들이 겪는 일이기도 하다. 리사는 몹시도 학교에 오고 싶어 했다. 재능이 아주 뛰어난 것은 아니었지만, 배움에 대한 열정과 지식을 하나씩 깨쳐 나갈 때 보여 주는 기쁨은 간혹 실망스러운 그의 성적보다 훨씬 값진 것이었다. 매년 말이 되면 리사는 공부에 거의 전적으로 매달리다시피 해서 가까스로 상급 학년으로 진학하곤 했다. 그런데 어느 날 그의 형이 죽었다. 형을 잃은 것도 가슴 아픈 일인데, 설상가상으로 또 한 가지 일이 있었다. 이제 리사는 야영지로 돌아가 가축을 돌봐야 했던 것이다. 리사는 몹시도 슬퍼하고 낙심했다. 별안간 날개 꺾인 새의 처지가 되어 버린 것이다. 그 아이는 자신이 학교를 떠난다면 야영지 유목민의 삶 말고는 그 어떤 미래도 꿈꿀 수 없다는 것을 잘 알고 있었다.

만약 그가 또 다른 삶의 가능성을 접한 적이 없었다면 덜 고통스러웠을까?

그렇지만 리사가 완전히 포기한 것은 아니다. 그는 가축 떼를 돌보면서 혼자 책을 읽는다. 행여 부모가 보면 불안해할까 봐 부모 몰래 말이다. 사실 그의 부모는 아들이 언젠가는 자신들의 곁을 다시 떠나갈 거라고 걱정하고 있다. 어쨌거나 나는 리사에게 되도록 자주 책들을 갖다 주고, 또 그 책의 내용에 대해 함께 이야기를 나누곤 한다.

때때로 그는 나지막이 나에게 묻곤 한다.

"선생님이 생각하시기에 내가 언젠가는 학교로 돌아갈 수 있을까요? 내가 언젠가는 직업을 갖고, 그래서 지프를 한 대 사서 야영지로 돌아올 수 있을까요?"

나는 미소를 지으며 그를 껴안아 준다. 나는 그에게 거짓말을 하고 싶지는 않다.

그렇지만 불가능이란 없는 법이다.

지나치게 보수적인 갈라

새가 허공에서 얼마나 높이 날았든 간에 죽으면 결국 땅에 떨어진다.

갈라는 자신이 원하는 것에 대해 언제나 또렷한 생각을 지니고 있다. 일곱 살이 되어 학교에 왔을 때 이미 자신이 야영지로 다시 돌아가야 한다는 확고한 생각을 갖고 있었다. 학교에 온 목적이 무엇이냐고 물어보면 그는 대답한다.
"사막에 살면서도 내 아이들에게 글을 가르쳐 주려고요."
그건 나중의 일이고 그러기 전에 하고 싶은 것은 무엇이냐고 되물으면 다음과 같이 말한다.
"세상 사람들이 어떻게 살아가는지는 알고 싶어요. 거기서 배울 점은 배워서 집으로 돌아갈 거예요. 내가 선택한 삶에 대해서 확신을 갖고 싶거든요."
이런 조숙함 뒤에는 어떤 완강하고 고집스러운 생각이 숨어 있다. 말하자면 이방인에게서는 흥미롭게 배울 만한 것이 전혀 없다고 생각하는 것이다. 그는 바깥 세계를 향해 몸을 돌리기는 했지만 단지 자신의 닫힌 울타리 안에서 바깥 세계를 엿보려는 것일 뿐이다. 예를 들어 그는 내가 가르치는 수업에서는 좋은 성적을 올리지만, 새로 온 선생님에게서 배울 때는 성적이 곤두박질치고 만다. 그는 가족을 떠나서는 아무것도 이룰 수 없다고 생각한다. 장래에 대한 열의에도 불구하고 공동체로부터 멀리 떨어져 살아간다는 것은 아예 생각조차 하지 않는다. 내가 보기에 그는 겁을 내고 있는 것 같다. 낯선 것에 대한 흥미가 생겨 혹시라도 야영지로 되돌아갈 마음이 없어지면 어쩌나 하는 두려움 말이다. 그의 부모는 아들이 혹시라도 유목생활을 포기하려 들지 모른다는 우려 때문에 그가 사막을 떠나는 것을 절대로 허락하지 않겠다고, 지금 살고 있는 세계를 떠나 봤자 아무것도 발견하지 못할 거라고 귀에 못이 박이도록 이르곤 했다. 갈라는 행여 부모의 말을 거스르게 될까 봐 귀를 꼭 막고 살고 있는 것이다.

갈라의 태도를 이해할 필요는 있다. 투아레그족의 미래는 우리 세대의 어깨 위에 걸려 있으니까 말이다. 수세기에 걸쳐 이어져 온 전통을 이제 우리가 이어 가야 한다. 나이 든 사람들, 가부장들이 우리에게 힘주어 이르는 것도 바로 그 점이다. 그렇더라도 갈라의 방식은 옳지 않다. 자신의 세계를 보존하고자 바깥세상을 외면하기보다는 자신의 세계를 시대에 맞게 변화시켜 나가는 편이 낫다. 그리고 그건 가능한 일이다.

학교를 그리는 무사

일 년간 공들여 쌓은 탑도 한순간의 실수로 무너질 수 있다.

무사는 흔치 않은 자질을 지닌 아이다. 자신이 원하지 않은 삶을 짊어지고 살면서도 자유로운 정신을 간직하고 있으니까 말이다. 그 아이는 학교에 갈 수 있기를 간절히 바랐지만, 부모가 허락하지 않았다. 그는 부모의 마음을 돌리기 위해 온갖 노력을 해 보았다. 침묵시위를 하며 버텨 보기도 하고, 집에서 도망치기도 하고, 눈물로 호소해 보기도 했다. 하지만 부모는 꿈쩍도 하지 않았다. 승객들을 싣고 야영지 부근을 지나가는 사막택시들을 볼 때마다 무사는 그 차들이 타보예로 가는 거라고 생각했다. 사촌들은 그를 만나기만 하면 타보예에 대해 이야기하곤 했었다. 사촌들 역시 학교에 간다면서 자동차를 타고 가 버렸다.

어느 날 그는 지나가는 사막택시를 세워 무작정 올라탔다. 몇 주일 동안이나 결심만 한 채 감히 행동으로 옮기지는 못하던 일이었는데, 마침내 그날 용기를 내어 가족의 명을 위반하고 금지된 울타리를 넘어간 것이다. 차가 15킬로미터쯤 달렸을 때 택시 안의 승객들은 이 어린 소년이 무슨 사연으로 혼자 차를 타고 가는지 궁금해서 그에게 물었다.

"어디 가는 길이니?"

"타보예의 학교에 가요."

"저런, 이 차는 알제리로 가고 있는걸!"

승객들은 운전사에게 알렸고, 택시는 즉시 가던 길을 돌려 그를 집에 데려다 주었다. 무사는 솟구치는 눈물을 머리 두건을 눌

러써서 감추었다. 갖은 노력을 다해 보았는데 결국 이 최후의 시도마저 실패하고 말았던 것이다. 그는 자신이 왜 집에서 달아나려 했는지 부모에게 설명해야 했다. 부모는 몹시 노여워하며, 만약 그가 알제리나 어디 다른 곳에서 혼자 있다가 붙잡히면 감옥에 가게 될 거라고 을러 대서 그를 겁먹게 했다.

투아레그족이 두려워하는 것은 감옥의 여러 여건이 아니라(우리는 고독과 굶주림에 익숙하다), 자유를 잃고 갇히는 상황이다.

도망도 쳐 봤고, 눈물로 애원해 보기도 했지만, 그 모든 노력에도 불구하고 무사는 앞으로도 야영지에 남아 가축을 돌봐야 할 것이다……. 운명을 극복한다는 것이 언제나 가능한 건 아니다.

투아레그 항쟁의 희생자 아티와 아페주

뭐든 속에 감춰 놓으면 언젠가는 요긴하게 쓰인다.
증오와 원한만 빼고 말이다.

아티와 아페주의 아버지는 장을 보러 갔다가 송가이족이 투아레그족 항쟁에 대한 반동으로 자행한 보복 행위에 희생되었다. 외딴 야영지에서 가족과 함께 살고 있던 이 가장은 폭력 사태 와중에 송가이족들에게 붙잡혔다. 송가이족들은 그를 자루에 넣어 산

채로 강물에 던졌다. 그는 이렇게 목숨을 잃었다. 불행과 비통함을 못 이긴 그의 아내는 아이들을 학교에 보내지 않겠다고 했다. 학교는 송가이족 마을에 자리 잡고 있는 데다 남편이 목숨을 잃은 강도 바로 옆에 흐르고 있는 것이다. 그녀의 심정은 이해할 수 있었다. 그러나 학교에 보내지 않는다고 아이들이 증오와 원한으로부터 떨어져 지낼 수 있는 건 아니었다.

나는 어떻게든 어머니를 설득하여 두 아들을 학교에 보내도록 해야만 했다. 다른 아이들도 두 소년을 찾아가서 학교 이야기를 들려주며 둘의 마음을 돌리려고 해 보았다. 아이들이 학교에 가겠다는 의지를 드러내면 그 부모를 설득하는 일이 한결 쉬운 법이다. 두 아이가 만약 사막에 남아 있게 되면 증오와 원한 속에서 자랄 게 뻔했다. 두 아이를 그 증오의 인큐베이터에서 꺼내 보다 크게 성장할 수 있도록 도와주어야 했다. 그 아이들은 자신의 고통을 뛰어넘을 필요가 있었다. 자신에게 불행을 안겨 준 사람들 틈에서 생활함으로써 고통과 더불어 성장할 필요가 있었다. 2년에 걸쳐 대화를 나눈 끝에 나는 마침내 아이들의 어머니를 설득하는 데 성공했다.

학교에 와서 처음에 아티와 아페주는 송가이족과는 마주치려고도, 이야기를 나누려고도 하지 않았다. 두 아이는 장터에 가는 것조차 거부했다. 그렇지만 그들은 축구를 좋아했다. 우리는 송가이족과 정기적으로 축구 시합을 벌이곤 했다. 형제는 어쩔 수 없이 마음을 돌리고 송가이족 아이들과 축구를 했다. 그러다 마침내 송가이족 아이들이 자신들이 과거에 겪은 불행과는 상관이 없다는 걸, 자신들의 슬픔과는 무관하다는 걸 이해했다. 형제는 이제 송가이족 아이들과 친구가 되었다……. 어떤 감정 속에 자신을 닫아걸지 않고 끊임없이 재발견할 줄 아는 유년의 순수함이 마법을 행한 것이다.

투아레그족 이수푸와 송가이족 알리

네가 무엇을 주었는지는 전부 잊어라.
그러나 네가 받은 것은 전부 기억하라.

이수푸의 가족은 사막에서도 더 깊숙이 들어간 곳에 산다. 이수푸는 학교에 오기 전에는 한 번도 강을 본 적이 없다. 그는 강을 너무 무서워한 탓에 다른 투아레그족 아이들과 어울려 헤엄치는 법을 배울 엄두를 내지 못했다. 그래서 그는 송가이족인 알리와 협정을 맺었다. 이수푸는 아버지가 낙타를 타고 올 때마다 알리에게 낙타 타는 법을 가르쳐 주고, 대신 알리는 이수푸에게 헤엄치는 법을 가르쳐 주기로 말이다. 이수푸는 남몰래 수영 강습을 시작했다. 또한 아버지가 올 때마다 낙타 등에 알리도 함께 태우고 사막으로 들어가곤 했다. 그렇게 해서 알리에게 낙타 타는 법을 남몰래 가르쳐 준 것이다.

두 소년이 보여 주듯 우리 각자의 차이는 사이를 멀어지게 하기보다 부단히 서로를 발전하게 해 준다. 이것이 학교가 우리에게 일러 주는 가장 아름다운 교훈이다.

가족을 찾아 나선 아미나타와 라흐무투

길을 떠나 피붙이를 찾고 사랑을 만나면 그 사람의 여행은 끝이 난다.

이 두 자매의 어머니는 일찍 세상을 떠났다. 자매의 아버지는 그들을 학교에 보내지 않으려 했다. 그는 딸들을 곁에 두고 사랑을 흠뻑 주며 키우고 싶어 했다. 그러나 운명은 자매에게 또 한 번의 슬픔을 안겨 주었다. 그로부터 2년 후 둘을 어머니 대신 돌봐 주던 큰언니가 죽은 것이다. 자매는 단둘만 남게 되었다. 상심한 아버지는 결국 두 딸을 학교에 보냈다. 딸들이 새로 자매를 얻고 새로 구성된 가족의 일원이 되게 하기 위해서였다. 그는 내게 딸의 아버지가 되어 달라고 부탁했고, 또 내 아내 아미나타에게는 딸들의 어머니가 되어 달라고 했다. 그는 자신의 유일한 재산인 가축들을 이끌고 다시 사막으로 들어갔다.

2년 후 그는 시력을 잃고 말았다. 나는 그를 찾아 사막으로 들어갔고, 그를 데리고 학교로 돌아와서 우리와 함께 지내도록 했다. 이제 그는 기숙사 옆 천막에서 생활한다. 또한 아버지의 역할을 다시 찾았다. 단지 두 딸만의 아버지가 아니라 학교의 모든 아이들의 아버지가 되어 준 것이다. 아이들은 그에게서 지혜롭고 다정한 안식처를 얻는다. 그는 잃었던 가족의 사랑을 하루하루 우리와 함께 지내면서 조금은 되찾아 가고 있다. 큰 불행의 순간들이 때로는 우리를 큰 행복으로 인도해 주기도 하는 것이다.

다시 앞으로, 압도라흐만

아버지가 해내지 못한 일을 하는 사람은
할아버지가 보지 못한 것도 볼 수 있을 것이다.

압도라흐만의 아버지는 요리사였고, 니제르, 말리, 알제리의 비정부기구 주방에서 일했었다. 그는 여러 나라를 다녔고 수입도 아주 풍족했다. 하지만 어느 날 모든 것을 버리고 유목민 생활로 돌아가기로 결심했다. 뿌리의 부름소리를 들은 것이다……. 그는 자식을 일남일녀만 두었다. 우리는 압도라흐만을 학교로 데려오려는 시도를 하지 않았다. 그의 아버지에게는 야영지의 일손으로 아들이 필요했기 때문이다. 그런데 아홉 살이 된 해 어느 날, 압도라흐만은 아버지에게 학교에 가겠다고 말했다. 아들의 말에서 확고한 결심이 느껴졌기 때문에 아버지는 말릴 마음이 들지 않았다. 압도라흐만은 혼자서 꼬박 하루를 걸어 우리에게 왔다. 어째서 그토록 절실하게 학교에 오고자 했는지 묻자 대답하기를, 자신은 아버지가 하지 못한 일을 하고 싶었다고 했다. 아버지보다 더 멀리 나아가 보고 싶었다는 것이다.

그렇지만 그의 학교생활은 순조롭지 않았다. 그는 외로워했고, 늦게 시작한 탓에 다른 학생들에 비해 공부도 뒤처졌다. 공부가 생각대로 되지 않자 그는 꿈을 포기하고 야영지로 되돌아가야 할지를 고민했다. 바로 그 무렵 테리야 소의 회장이 학교를 방문했다가 압도라흐만을 보고 후원자가 되어 주겠다고 했다. 이처럼 자신을 인정해 주는 사람을 만나자 그는 어려움을 이겨 내고 공부를 계속할 용기를 얻었다. 때로는 누군가 손 하나 뻗어 주는 것만으로도 가던 길을 계속 갈 힘을 얻는 것이다.

운명과 배움 사이의 마리암

네가 옳다는 걸 아는 사람은 너의 과오 역시 안다.
우리는 옳을 수도 있고 틀릴 수도 있기 때문이다.

마리암의 어머니는 현대적이면서도 동시에 전통적인 생각도 지니고 있는 여성이다. 그녀는 딸을 학교에 보내는 데 전적으로 찬성했다. 그런데 여자아이를 학교에 보내는 것은 투아레그족으로서는 아주 드문 일이다. 대개의 경우 어머니들은 딸을 자기 곁에 두려고 한다.

하지만 마리암이 학교에 와서 지낸 지 몇 달 후, 그의 어머니가 임신을 했다. 투아레그족은 임신한 여성을 화나게 하는 일을 되도록 피한다. 임신부를 화나게 하면 배 속의 아이에게 나쁜 영향을 끼친다고 생각하기 때문이다. 허약해진 어머니는 사흘 동안 앓아누운 끝에 딸의 얼굴을 보고 싶다고 말했다. 그래서 어느 날 밤, 몇 사람이 마리암을 데려가려고 낙타를 타고 타보예로 왔다. 나는 마리암을 보내고 싶지 않았다. 하지만 그 아이의 어머

니가 임신했다는 말을 듣자 더 이상 내 생각을 내세울 수 없었다. 나는 뜻을 굽혔고 마리암은 떠났다. 딸로서는 당연히 그래야 한다고 생각했기 때문에 슬픔을 보이지는 않았다. 게다가 그 아이는 자신이 얼마 지나지 않아 학교로 다시 돌아올 수 있을 거라고 믿고 있었다.

  마리암 어머니의 건강 상태는 회복되었다. 그녀는 지체 없이 딸을 우리에게 돌려보내 주었다. 그렇지만 한 달 후 남자들이 또다시 마리암을 데리러 왔다. 이번에도 마리암은 한마디 불평하지 않고 따라나섰다. 불만을 드러낸다면 어머니의 권위를 무시하는 게 되기 때문이었다. 하지만 그 아이는 이렇게 자꾸 학교를 떠나서 지내다가는 학업이 뒤처지고 만다는 걸 알고 있었다. 더군다나 내색은 하지 않았지만 두려움도 있었다. 어머니가 자신을 아주 곁에 붙잡아 두려 할 수도 있다는 두려움 말이다. 그래도 마리암은 학교로 다시 돌아왔고, 그런 이후에도 운명에 따르는 것 외에는 다른 선택의 여지가 없는 터라, 한 번 더 집으로 불려 가야 했다.

  그 후 마리암은 학교에서 수업을 들으면서도, 다시 야영지로 불려 가서 영영 거기 머물러야 할지 모른다는 두려움을 지녀 왔다. 그래서 그 아이는, 언젠가는 이 배움의 기회를 빼앗기게 될지도 모르는 만큼, 한시도 쉬지 않고 공부하고 있다.

광대한 사막과 가능성의 공간

보르도의 세바스티앙 다비드가 결성한 사막학교 후원회의 도움으로 우리는 두 명의 학생 리사와 모사를 프랑스로 데려가서 여름방학에 이어 9월 한 달 동안 프랑스 학교를 체험하게 할 수 있었다.

세바스티앙 다비드는 타보예에 졸업 연수차 와서 우리와 함께 지낸 적이 있다. 프랑스로 돌아간 그는 사막학교 후원회를 설립했다. 이 후원회는 두 번에 걸쳐 나를 프랑스로 초청하여 보르도의 여러 학교에서 교수법을 익힐 기회를 마련해 주었다. 이 일을 계기로 학교 간 교류도 많이 이루어졌다. 또한 CEF(교사양성센터)는 매년 나에게 연수 기회를 제공하는 것과 아울러, 사막학교를 해외 연수지 가운데 한 곳으로 지정했다. 이렇게 해서 사막학교는 매년 연수 교사들을 맞이하고 있으며, 또한 여러 분야에서 우리를 도와주는 이 후원회 멤버들과 함께 여행을 떠나 우정을 쌓고 있다.

8월에 우리는 열한 살인 리사와 모사를 '가능성의 공간'에 데려갔다. 이곳은 아이들을 위한 흥미로운 활동 프로그램을 갖춘 휴양 센터로서 모사가 일하고 있는 곳이다. 우리는 두 아이에게 가능성을 탐색하고 발현시켜 줄 공간으로 어느 곳이 더 좋을까, 아이들을 위해 마련된 이 낙원일까 아니면 사막일까 내심 궁금했다.

도착해서 얼마 지나지 않아 우리는 두 아이가 보여 주는 적응력에 감탄했다. 사막의 두 아이는 처음에 이 굉장한 장소에 주눅이 들었다. 그렇지만 자신들의 세계와는 완전히 동떨어진 이 세계에 아주 빨리 융화되었다. 동심이란 어디에서나 같으니까 말이다.

두 아이는 거품욕장, 수영장, 바다를 차례차례 경험했다. 트램펄린, 테이블축구, 공중다리 건너기 같은 행동체험도 차례로 해 보았다. 그때까지 두 아이가 물에 몸을 담가 본 경험이라고는 나이저 강물에 들어가 본 것이 유일했고, 또 두 아이가 해 본 놀이라고는 그저 축구뿐이었는데 말이다! 그들은 이 모든 활동에 순진한 열성을 보이며 참여했고 다른 아이들과 즐겁게 어울렸다. 같은 또래의 아이들 사이에도 놓일 수 있는 깊은 고랑에 대해 판단하려 들지도 않았고, 어째서 그런 간극이 존재하는지 이해하려고도 하지 않았다. 그런 모습이 우리를 놀라게 했다.

하루는 모사가 물총을 가지고 노는 모습을 불현듯 보게 되었다. 사막에서 물이란 귀중한 것이어서 그 어떤 경우에도 놀이 소재가 되는 일은 없다. 하지만 모사는 프랑스에 있었고, 그래서 자신이 지닌 가치기준을 기꺼이 바꾸었던 것이다.

수영장을 마주 대한 두 아이는 사람이 물을 가두어 둘 수 있다는 사실에 어리둥절해했다. 사막에서는 땅이 물을 흡수해 버리기 때문이다. 그 수영장의 물이, 그처럼 맑아 보이는데도 불구하고 마셔서는 안 되는 물이라는 사실에도 놀라워했다. 그들에게 물이란 어떤 물이든 상관없이 모두 마실 수 있는 것이니까 말이다. 또한 그들은 바다를 보고는 그 넓은 물이 자신을 삼켜 버릴 거라면서 물에 들어가기를 겁냈다. 드넓게 펼쳐진 바다가 어마어마한 크기의 야수를 연상시킨 탓이었다. 그러나 한편으로는 바다가 저 멀리 하늘과 맞닿는 수평선을 보며 그들의 사막이 펼쳐 보이는 지평선을 생각하기도 했다.

프랑스 아이들은 두 아이가 자기네들과 다르다고 해서 놀리려 들지는 않았다. 오히려 무엇이건 설명해 주고 가르쳐 주려 하면서, 이렇게 어른 역할을 하게 된 것을 기뻐했다. 그들은 포크와 나이프를 사용해 본 적이 없는 리사와 모사를 위해 접시 위의 고기를 잘라 주기까지 했다.

첫째 날 아침 식사 때 두 아이는 태어나서 처음으로 푸짐한 뷔페 상차림과 마주하게 되었다. 둘은 우유 한 잔만을 마셨다. 자신들의 습관을 벗어나려 하지 않은 것이다. 우리는 두 아이에게 뭔가를 더 가져다 먹으라고 재촉했다. 그들은 흰 치즈를 좀 더 먹었다. 며칠이 지나서야 비로소 두 아이는 음식을 이것저것 먹어 보게 되었다! 이것이 프랑스의 문제다. 이 나라는 우리의 미각을 아주 바꾸어 놓는다.

동물원에서 우리에 갇힌 동물들을 보고서도 두 아이는 충격을 받았다. 그들은 원래부터 자유롭게 살아가도록 정해진 동물들을 가두어 두는 경우도 있다는 사실을 몰랐다.

어느 큰 집으로 들어가자 복도를 따라 누드 조각상들이 죽 늘어서 있었다. 리사와 모사는 그곳에 들어서자마자 발걸음을 딱 멈추더니 의아해하며 물었다.

"어째서 저 조각상들은 옷을 입지 않은 거죠?"

갑자기 번개가 치더니 폭우가 쏟아져서 우리 일행은 모두 지붕이 있는 곳으로 뛰어들어 갔다. 그러나 리사와 모사는 바깥에 그대로 서서 소리쳤다.

"비다! 비가 온다!"

사막에서 비는 하늘이 내려주는 선물이다. 프랑스에서는 감기를 떠안기는 것이지만 말이다. 두 아이는 그렇게 비를 맞고 서서 하늘에서 내려온 그 선물을 즐기고 있었다.

하루는 한 프랑스 아이가 리사에게 물었다.

"넌 살갗이 왜 그렇게 검니?"

리사가 대답했다.

"사막에서 태어났으니까 그렇지. 사막에는 해가 쨍쨍 내리쬐거든."

그러자 그 아이가 말을 받았다.

"선크림을 발라!"

자기와 다른 것을 만났을 때, 그 차이를 자기 식으로 해석하지 않고 있는 그대로 인정하기란 얼마나 어려운가!

어느 날 저녁에는 두 아이가 프랑스 아이들을 투아레그족 음악에 맞춰 춤을 추게 만든 일이 있었다. 내가 기타를 치고, 그 음악에 맞춰 리사와 모사가 노래를 부를 때였다. 우리는 우리 영혼의 신경줄을 속속들이 떨리게 하는 그 음악에 몸을 맡기고 자신을 잊었다. 한순간 우리는 사막학교에 와 있었다. 우리는 그저 투아레그족 음악에 젖어들어 춤을 추고 우리만의 몸짓을 했다. 그러자 바깥세상이 우리 쪽으로 왔다. 우리의 문화를 이곳으로 옮겨 놓았다는 게 자랑스러웠다. 우리의 아이들이 이곳 프랑스에 우리의 문화를 알리는 것을 보고 감동했다. 우리는 프랑스 아이들에게 우리의 세계를 체험시키고 있었다. 이번에는 우리가 그들의 세계를 만난 것이 아니라 그들이 우리의 세계를 만난 것이다. 우리는 춤과 음악으로 기적을 만들어 냈다. 춤과 음악은 국경을 지우고 모든 차이를 넘어 어떤 우정을 싹트게 한다.

캠프 일정을 마치고 작별할 때 모두가 눈에 눈물이 그렁그렁했다. 아마도 리사와 모시는 자신의 삶에 대해 생각한 기회를 얻었을 것이다. 함께 시간을 보낸 아이들과 자신들을 갈라놓는 것에 대해, 다른 생활방식과 마주하여 자신들이 겪어야 했던 어려움에 대해 이미 생각해 보았을 것이다.

우리는 두 아이에게 만약 그럴 수만 있다면 이런 풍요로움 속에 계속 머물러 있고 싶으냐고 물어보았다. 두 아이는 조금도 머뭇거리지 않고 대답했다.

"아뇨, 돌아가고 싶어요."

불과 며칠 지났을 때부터 두 아이는 모든 것을 다 보았다고 생각하고 있었다. 묘한 일이지만, 그들은 이 놀이 공간에서 어떤 단조로움을 느끼던 참이었다. 사막에서 지낼 때가 오히려 덜 지루했던 것이다. 사막에는 아무런 놀이기구도 없다. 그렇지만 장담하건대, 사막에서 오래 지내다 보면 놀고 움직일 거리가 다양하게 갖춰진 이런 장소에 있을 때보다도 지루함을 느끼지 못할 것이다. 왜냐하면 사막에서는 낮과 밤의 리듬에 맞춰 살기 때문이다. 변화란 자신의 내면에서 길어 내는 것이어서 외부의 오락거리 없이도 삶을 다채롭게 만들 수 있다. 그리고 우리 내면의 공간은 대지의 리듬에 따라 늘 변화한다.

다음은 리사와 모사가 프랑스에서 자신의 가족에게 보낸 편지이다.

보고 싶은 사촌 누나에게

이곳까지 오는 길은 무척 멀었어. 낙타를 타고 야영지를 출발해 타보예에 도착하기까지 한나절, 또 지프를 타고 가오까지 가는 데 한나절, 또 거기서 버스로 바마코까지 가는 데 하루 반이 걸렸어. 우리는 바마코에서 이틀 묵으면서 출국 수속을 밟고 예방 접종을 받았어. 그런 다음 비행기를 타고 모로코의 수도 카사블랑카로 갔고, 그곳에서 프랑스의 수도 파리로 오는 비행기를 타고 온 거야.

누나도 알겠지만 비행기는 쇠로 만든 엄청나게 큰 새야. 우리는 그 새의 배 속에 들어갔던 거지. 우리는 그 속에서 밥도 먹었어. 화장실에도 갔었지. 비행기 배 속에 든 사람들이 겁을 내지 않는 걸 보니까 우리도 그곳이 무섭지 않았어. 파리에 도착한 다음 다시 르와양으로 가서 무사 선생님을 만났어. 르와양까지는 기차를 타고 갔지. 기차는 커다란 도마뱀 같은 것인데 말이나 낙타보다도 훨씬 빨라. 그 기차보다 좀 더 예쁘게 생긴 또 다른 기차도 있어. 전차라는 것인데, 그건 도시 안에서 사방으로 돌아다니고 시끄러운 소리도 내지 않아. 이곳에는 머리와 몸통과 꼬리가 있는 커다란 버스들도 있어. 정말 멋지다니까!

그다음에 우리는 보르도로 갔어. 그곳에서 몇 주 동안 생미셸 학교에 다녔어. 학교에서는 우리에게 동물원 구경을 시켜 주었지. 많은 동물들을 보았어. 그런데 단봉낙타들과 말들과 당나귀들이 쇠창살을 두른 우리 안에 갇혀 있었어. 녀석들은 아무 데도 가지 못해. 아무 데도 가지 못하니까 녀석들은 같은 자리를 빙빙 돌고 있었어.

우리는 바닷가로 가서 필라 사구에도 올라가 보았지. 그 언덕에는 모래가 아주 많았어. 또 바다에는 물이 아주 많아. 그리고 숲에는 나무와 풀도 많아. 이곳은 아주 아름다워. 하지만 여기서 살 수는 없을 것 같아. 너무 춥거든. 열흘 후면 돌아가서 누나를 다시 만날 수 있겠구나. 기차와 비행기와 버스와 지프를 탄 다음 또 낙타를 타고 가야 할 테지. 그러면 우리는 야영지에 도착하게 될 거야.

　책에서 보고 공부했던 것들을 이곳에서 실제로 보게 되어서 무척 기뻐.

　그렇지만 누나, 나는 야영지와 타보예의 학교에 있을 때가 좋은 것 같아.

모사

　사랑하는 아빠께

　우리가 프랑스에 온 지도 벌써 2주일이 되었어요. 이곳에 도착한 날, 우리는 도시가 온통 환하게 밝혀진 것을 보고 겁이 났어요. 도시가 불타는 줄 알았거든요. 그 불이 전깃불일 뿐이라는 걸 곧 알아차리긴 했죠. 이곳에서 우리는 연기도 불꽃도 없는 이상한 불에 음식을 익혀서 먹곤 해요. 그 불을 이곳에서는 '세라믹 플레이트'라고 불러요. 우리 사막에서는 옷을 빨려면 우물로 가야 하지요. 그러나 이곳에서는 기계가 저 혼자서 옷들을 빨아요. 우리는 그 기계가 물과 비누를 담고 빙빙 돌아가는 모습을 구경하느라 시간 가는 줄도 몰랐어요. 이곳에서는 커다란 웅덩이들에 물을 가득 채워 놓았어요. 마실 수 있는 물인데도 그저 먹을 감으려고 말이에요. 그걸 풀장이라고 불러요. 매일 저녁 사람들이 자동차를 타고 물을 뿌리면서 거리를 청소하는 모습도 보곤 해요. 길거리를 물로 씻다니 어떻게 그럴 수 있죠?

아빠는 사람들과 이야기를 나누고 세상 소식을 들을 수 있어서 장터에 가는 걸 좋아하잖아요. 그런데 이곳 사람들은 시장에 나와서 서로 이야기를 나누지 않아요. 그저 '뭘 드릴까요.' '이것 주세요.' 단 몇 마디면 끝나요. 가격이 상품에 적혀 있어서 값을 흥정하는 경우도 없어요.

저는 이 여행으로 즐거운 시간을 보내고 있어요. 학교에서 친구도 많이 사귀었어요. 그렇지만 아빠가 보고 싶어요. 사막도 그립고요.

리사

투아레그족 소녀들

전통적으로 여자아이들은 결혼하기 전까지 어머니로부터 필요한 지식을 배운다. 딸에게는 어머니가 학교인 셈이다. 실제로 투아레그족 여인들은 우리 문화와 전통을 보존하고 이어 나가는 역할을 하고 있다. 어머니들은 딸들에게 문화와 전통을 어김없이 전해 주고자 한다. 일곱 살 무렵이 되면 사내아이들은 아버지를 학교로 삼아 외부 세계를 배운다. 그러나 여자아이들은 어머니 곁에 머문다. 어머니는 우리가 누구인지를 가르치고, 아버지는 우리와 다른 세계에 대해 가르친다.

딸을 학교에 보내고, 그리하여 그 딸이 장차 가족이나 남편의 울타리 바깥에서 독립생활을 할 수 있도록 하는 것은 투아레그 족 전통과는 맞지 않는 일이다. 하지만 학교의 생활 조건이 점점 더 나아지는 덕분에 매년 더 많은 수의 여자아이들이 학교에 들어오고 있다. 그래도 여전히 소수이기는 하지만 말이다. 많은 가족들이 딸이란 모름지기 전통을 이어 나가야 한다는 이유에서 딸을 학교에 보내기를 거부한다. 딸은 한번 가족을 떠나면 그만이고 다시는 가족에게로 돌아오지 않는다고 생각한다. 남자들과는 달리 여자는 자신이 만나는 세계에 소속된다. 남자의 경우 언제나 여자를 자신의 가족에게로 데려오는 것과는 대조적이다. 사정이 이렇기 때문에 많은 사람들은 딸을 잃지 않기 위해서 학교에 보내지 않는다. 학교가 여자아이를 울타리 바깥으로 빠져나가게 한다고 생각하는 것이다.

우리의 문화로 인한 어려움뿐 아니라 또 한 가지 단순한 자연적 요인이 있다. 열두 살 무렵 여성으로서의 특징이 뚜렷해질 나이에 여자아이가 어머니와 떨어져 지내는 데는 어려움이 많다. 여자아이는 어머니 곁에서 초경을 맞이하는 것이 좋다. 초경은 여자아이로서는 생애의 중요한 순간이다. 이 중요한 순간을 가족과 멀리 떨어져 혼자 겪어야 할 경우 불안감에 빠질 수도 있다는 걸 우리는 안다. 이런 어려움에도 불구하고 학교에 오려는 여자아이들의 수가 점점 더 많아지고 있는 것이다.

가족들이 딸을 학교로 보낼 때, 그 동기는 아주 다양하다. 결과가 어찌될지에 대해 생각하지 않는 가족들도 있다. 좀 더 드문 경우지만 어떤 가족은 딸이 공부를 해서 비서나 간호사, 혹은 교사가 되기를 바라기도 한다.

학교에서 여자아이들은 무척 열심히 공부한다. 학교에 가라고 하는 사람이 아무도 없는 상황에서 모두들 자신이 원해서 학교에 왔기 때문이다. 여자아이들에게는 학교가 스스로 선택한 삶인 것이다. 그렇기는 해도 학급 내 여학생의 수는 송가이족 학교와 비교해 볼 때 그리 많지 않다. 송가이족의 학교에서는 한 학급 예순두 명 가운데 여학생의 수가 서른세 명에 달한다. 하지만 그 가운데 불과 일곱 정도만 평균 정도의 성적을 얻는 것도 사실이다. 여학생의 수가 많은 이유는 간단하다. 영국의 한 민간단체에서 송가이족 학교에 4년 전부터 매달 여학생 한 명당 통학 비용으로 휘발유 5리터를 제공해 주고 있기 때문이다……. 그렇지만 학업을 대하는 여학생들의 마음가짐을 놓고 보면 사정은 그리 나아지지 않았다. 여자아이들은 집안일을 하고 가정을 꾸리는 데 전념하도록 양육된다. 그러니 글을 읽고 쓴다는 것이 여자아이들에게 무슨 소용이 있겠는가? 지금은 믿음이 필요한 때이다. 시간이 지나면 상황은 점차 나아질 것이고 사람들도 보다 열린 생각을 하게 될 거라는 믿음 말이다.

여자들이 학업의 기회를 얻는 것은 투아레그족의 문화를 위해서도 중요한 일이다. 여자들도 공부를 함으로써 외부를 향해 열린 태도를 지니고, 남편이 아는 세계를 이해하게 되고, 또한 남편과 같은 언어를 사용할 수 있게 된다. 여자들도 직업을 가질 수 있다는 생각이 뿌리를 내리려면 시간이 걸릴 것이다. 그렇지만 여자들은 공동체 안에서도 얼마든지 일할 수 있다. 예를 들면 간호사, 교사, 상인 같은 직업은 유목사회에도 필요하다. 우리 사회의 발전 가능성, 그리고 외부 세계에 대한 적응 가능성은 여자들에게 달려 있다. 여자들은 우리 공동체의 토대로서, 우리의 도약대가 될 수 있다.

뿌리로부터 지혜의 열매를 맺는 일

한 어머니가 하루는 우리에게 이렇게 말했다.

"내 딸은 사막에서 자랐어요. 나는 딸에게 모래 속에서 살아가는 법을 가르쳤죠. 스스로를 보호할 수 있도록 가르친 거예요. 그랬으니 이제 내 딸이 나를 모래로부터 보호해 주어야 해요. 나는 딸을 곁에서 떠나보낼 생각이 없어요. 딸을 떠나보내면 그 아이는 우리 문화를 잊어버리고 말 거예요. 나는 사막에서 자랐어요. 내 어머니도 그랬고, 내 할머니도 그랬죠. 우리의 삶은 불행하지 않았어요. 그런데 이런 삶을 왜 바꾸어야 하는지 모르겠군요. 딸들은 이곳에 남아 문화를 이어 나가야 해요. 사막의 풍속과 전통을 수호하는 것이 우리 여자들의 역할이란 말이죠."

이상한 일이지만 문화를 발전시켜 나가는 데 가장 어려움을 겪는 쪽은 여자들인 경우가 종종 있다. 여자들이 외부 세계의 요구를 의식하기까지는 걸림돌이 많다. 여자들의 사고는 자신의 역할을 완수하고 그 역할을 딸에게 물려주는 데 한정되곤 한다. 그런 까닭에 자신의 딸이 기존의 가치기준을 벗어나서도 행복할 수 있다는 점을 이해하지 못한다. 딸들이란 문화의 수호여신인 만큼 가정에서 멀리 떨어져 지내서는 안 된다는 것이다.

딸들을 학교에 보내도록 하기 위해서 우리는 도시에 살고 있거나 집을 떠났던 경험이 있는 투아레그족 여자들의 예를 들어 어머니들을 설득했다. 그 여자들은 투아레그족 남자들도 앞으로는 더욱더 사회에 통합되어 살아가야 한다고 말한다. 그러므로 그런 남자들을 여자들이 이해하고 뒷받침해 주어야 한다. 남자들이 헤쳐 나가고 있는 세계에 대해 여자들이 전혀 모르고서야 어떻게 남편의 동반자 역할을 할 수 있겠는가? 그 여자들은 공부를 했지만 여전히 자신의 뿌리에 충실한 삶을 살아간다. 지혜란 그 뿌리로부터 열매를 맺는 일이지 뿌리를 땅속에 묻는 일이 아니다. 여

자들을 비료에 비유해서 말한다면, 여자들은 땅을 비옥하게 하기 위해 활동 범위를 확장해야만 하는 것이다.

고모가 사막을 떠나 도시 남자인 한 밤바라족(말리 나이저 강 상류에 거주하는 종족으로 고유한 문자 체계를 갖고 있으며 도시 이주인구가 많다 - 옮긴이) 남자와 혼인했을 당시, 고모는 자신이 학교교육을 받지 못한 것을 아쉬워했다. 그때까지 익숙하게 지내 온 삶의 틀에서 벗어나 멀리 떨어진 곳에서 살아야 했던 고모는 마치 길을 잃어버린 사람처럼 어찌할 바를 몰랐다. 고모는 타마셰크어밖에 할 줄 몰랐는데, 그 반면 도시 사람들은 이 투아레그족의 언어를 몰랐다. 고모는 음식을 만들 때 도시 사람들이 쓰는 조리도구들을 어떻게 사용해야 하는지도 몰랐다. 고모 앞에는 아무도 가르쳐 준 적 없는 한 세계가 놓여 있었다. 직업이 없었기 때문에 고모는 스스로의 힘으로 생계를 꾸려 나갈 수 없었고, 사회생활은 엄두도 못 낸 채 집 안에서 외롭게 지내야 했다. 만약 고모가 학교에 다녔더라면 자식들에게 투아레그족의 문화뿐만 아니라 다양한 지식들도 전해 줄 수 있었을 것이다.

딸을 외부 세계로 내보낼 필요가 있다는 것을 어머니들도 점차로 의식하게 되었다. 어머니들 가운데 어떤 이들은 투아레그족 여자 한 사람이 자신의 딸 곁에서 지내면서 전통적으로 여자로서 갖춰야 할 소양을 가르칠 거라는 점을 알게 되자 두말없이 딸을 학교에 보내오기도 했다.

우리는 여자아이들에게 외부 세계에 적응할 도구를 주고 싶은 것이지, 그들의 정신을 완전히 바꾸어 놓으려는 것은 아니다. 사고와 행동에서 독립성을 지닌 여자아이들도 얼마든지 그들의 어머니, 그들의 야영지 가까이 머물 수 있다.

외국에 거주하는 남자와 결혼한 하디야가 그런 좋은 예이다. 하디야는 3년간 학교에서 공부했다. 학교생활은 그녀에게 보다 멀리 나아가 보고자 하는, 여행하고 세계를 만나고 다른 문화를 알고자 하는 욕구를 심어 주었다. 하디야는 나이지리아, 수단, 사우디아라비아, 터키에서 살아 보았다. 상업에 종사하기도 했다. 자유롭고 매우 적극적인 성격인 터라 결혼도 여러 번 했다. 그 남편들은 하디야를 뒷받침해 주면서도 그녀를 구속하지 않았다. 하디야는 이제 가오 지방 여성들의 권리와 복지를 위해 활동하는 한 단체의 책임자이다. 그녀는 정기적으로 야영지에 돌아간다. 운전도 할 줄 안다. 자신의 돈을 들여 가축의 수도 더 늘렸다. 하디야는 자신의 문화를 조금도 잊지 않은 것이다. 그녀는 근본적으로 자신의 문화에 충실하다. 그 문화를 지키며, 또한 그것을 자랑스럽게 외국에 내보인다. 이건 그녀가 사막에 남아 있었더라면 하기 어려웠을 일이다. 그러므로 어떤 의미에서 그녀는 야영지에서 한 걸음도 바깥으로 나가지 않는 여자보다 더 훌륭하게 전통의 수호자 역할을 해내고 있는 것이다.

언젠가는 어머니들도 이해하게 될 것이다. 우리의 유목생활이

전 세계를 무대로 확장될 수 있다는 사실을 말이다. 중요한 것은 자신의 뿌리에 영혼과 마음으로 충실한 것이다.

　자식들을 학교로 떠어 보낼 때가 어머니로서는 무척 가슴 아픈 순간이다. 어머니들은 자식들과 헤어지는 것을 힘겨워한다. 아들과 딸들은 새로운 삶을 찾아 떠나는 것이지만 그렇게 떠난 뒤에는 빈자리를 남겨 놓는다. 어머니들은 자식들을 품에 껴안고 그들에게 귓속말로 무엇인가를 속삭인다. 이제 여덟 달 후 방학이 돌아와야 아이를 볼 수 있는 터라, 그렇게 속삭인 말들이 떨어져 지내는 한 학년 동안 아이와 어머니를 이어 준다. 나는 작별의 날 어머니가 무슨 말을 속삭이더냐고 아이들에게 물어본 적이 한 번도 없다. 나는 아이들에게 전해진 그 보물들을 존중한다. 아이들은 그 보물을 지키고 보존하며 그것이 언제까지고 빛을 잃지 않도록 노력해야 한다.

　나는 한 어머니가 자신의 아이들에게 쓴 편지를 전해 받았다. 그녀가 구술한 내용을 어떤 남자가 받아 적어서 보내온 편지였다. 두야라는 이름의 그 여인의 삶은 평탄치 않았다. 그녀는 첫 결혼에서 딸을 얻었고, 두 번째 결혼에서 사내아이를 얻었다. 그녀는 두 아이를 모두 학교에 보내는 바람에 야영지에서 양쪽 옆구리가 허전해진 채로 지내야 했고, 그러다가 편지로 자신의 아이들에게 다음과 같은 시를 써 보낸 것이다.

사랑하는 나의 아들딸에게

온 세상이 고요하게 잠이 들 때 나의 눈에는 너희 모습이 보이지.
너희의 말소리는 음악이 되어 내 가슴 깊은 곳에서 울린단다.
내 코끝에는 여전히 너희들의 향기가 감돌고 있어. 그건 그 무엇으로도 지울 수 없는 향기이니까.
너희와 함께 쌓은 추억들은 내 기억의 골짜기에 무수한 언덕과 산들로 솟아 있단다.
너희는 앎을 찾아 떠났으니 앎을 얻어 돌아오겠지. 나의 곁으로.
운명의 카라반을 재촉하여 발걸음을 옮겨 놓게 하는 시간이 우리에게 잠시 휴식 시간을 준다면 얼마나 좋을까. 그러면 우리는 아름다운 노을을 바라보며 함께 노래하고 밤새도록 춤을 출 텐데.

한 학생이 어머니에게 보낸 시

바람아, 모래를 실어 가는 김에 우리 엄마에게 내 말도 전해 주렴. 엄마가 보고 싶어,라고 엄마에게 전해 줘. 누이도, 내 염소도, 내 아카시아 나무와 내 모래언덕도 보고 싶어. 나는 글자라는 염소들과 숫자라는 낙타들을 새로 얻어서 돌보고 있어. 암송은 내가 배운 새로운 노래야. 새끼 염소를 제 어미한테서 떼어 놓기가 어렵다는 건 엄마도 알지. 그런 것처럼 음절들도 단어로부터 떼어 놓기 어려워. 음절들은 그 단어의 자식들이거든.

새로 배운 단어의 철자를 제대로 쓰는 일은 다른 사람의 가축 떼 속에서 만난 염소가 어떻게 생겼는지 그려 보이는 것만큼이나 어려운 일이야.

엄마, 우리 집에서는 할아버지가 옛일을 이야기해 주고, 엄마가 요즘 일들을 이야기해 주지만, 나중의 일은 아무도 모르잖아. 학교에서 나는 과거, 현재만이 아니라 미래에 대해서도 이야기해야 해. 그것이 바로 동사의 시제변화라는 놀라운 것이야.

학교에는 내가 말로 표현할 수 없는 다른 것들도 많아.

지식이 짐, 무거운 짐이라 해도, 나는 지식을 잔뜩 가지고 엄마를 보러 갈 테야.

하지만 엄마, 나는 지금 배운 것이 조금이어서 엄마를 많이 보러 갈 수 없어. 미래에 자리 하나를, 아무리 작은 자리라 해도 마련할 작정이거든.

타르가이다

한 여학생의 사촌 자매가 보내온 편지

제이납에게,

아티 오빠가 떠난 다음부터 나의 심장은 울고 있고, 그 눈물이 나의 영혼을 적시고 있단다.

나는 오빠가 떠나는 모습을 지켜보았어. 오빠의 그 모습이 내 기억 깊숙이 한 점 그림자가 되었지. 갈증이 덮쳐 와서 내 오감을 사로잡고 있어. 물도 이 갈증을 풀어 주지 못해. 그건 나의 슬픔이니까. 그래서 나는 이해하게 되었어. 외삼촌이 가뭄을 견디다 못해 떠났을 때 우리 어머니가 느꼈던 고통과 슬픔을 말이야. 외삼촌도 가뭄에 쫓겨 야영지를 떠나야만 했었거든.

나의 심장아, 생각해 봐! 떠난 사람들이 모두 같은 길을 밟지는 않아.

외삼촌은 밤에 떠났지. 외삼촌은 해가 떠오르는 광경을 보지 못했어. 눈으로든 가슴으로든 말이야.

하지만 아티 오빠는 동틀 무렵에 떠났어. 오빠는 해가 어떻게 떠오르는지 알게 될 거야. 그래서 언젠가는 돌아올 거야. 하지만 나는 오빠가 자유를 선택한다 해도 받아들일 테야. 그 자유는 오빠가 지난 시간을 참아 낸 대가로 얻은 것이니까. 또한 오빠가 과거의 방식대로 삶을 지켜 가려면 지식을 쌓아야 한다는 것도 알아.

네게 사랑과 희망으로 짠 내 마음의 보물을 보낸다.

아티의 동생 바얍

대가뭄이 덮쳐 온 몇 해 동안 투아레그족 남자들은 리비아와 알제리의 목초지를 향해 떠났다. 잃은 가축을 다시 장만하려면 돈을 벌어야 했으니까. 그들 가운데 어떤 이들은 다시 돌아오지 못했다. 그렇게 해서 가족을 잃는다는 것은 어머니들, 누이들, 아내들로서는 견디기 힘든 고통이었다. 여인들의 기억 속에는 그때의 슬픔이 깊게 새겨져 있다. 투아레그족 여인들은 매번 가족을 떠나보낼 때마다 이제 영영 작별하게 되는 건 아닐까 두려워한다.

우리 사막인들은 시간을 잘게 나누어 쓰지 않는다. 시간 속에서, 시간에 몸을 맡기고 살아간다. 계절의 리듬이 곧 우리의 리듬이다. 우리의 하루는 시간으로 분할되어 있는 것이 아니라, 해가 뜨는 새벽과 해가 지는 황혼으로 경계가 지어져 있을 뿐이다.

사막학교에는 시계가 없다
_무사가 전하는 두 세계의 아이들 이야기

자동차와 한 줌의 대추야자

프랑스 학교의 입학식에 참석할 때는 어느 정도 피곤함을 각오해야 한다. 아이들은 징징거리며 울고, 그 부모는 큰 소리로 야단을 치고, 다른 부모들은 그런 소란이 거슬려도 아무렇지 않은 척 한다. 누구에게든 이런 경험은 괴로운 것이다. 그렇지만 프랑스 아이들은 행운아들이다. 배고픔을 겪어 보지 않은 아이에게 놀이터에서 뛰어노는 것보다 교실에 붙어 앉아 있는 것이 그 자신을 위해 더 바람직하다는 점을 대체 어떻게 이해시킬 수 있겠는가? 그건 그 자신의 장래가 걸린 문제라는 걸 무슨 수로 납득시킬 수 있겠는가?

이브라힘과 나, 우리 형제는 학교에 다니기 위해 매년 투쟁해야 했다. 지금도 사막에서는 수많은 아이들이 언젠가는 자신도 글을 배울 기회를 얻어 사회에 어엿이 자리 잡을 수 있기를 꿈꾼다. 이처럼 투아레그족에게 학교란 때가 되면 누구에게나 운명처럼 다가오는 것이 아닌 일종의 선택, 하나의 희생이다.

사실 투아레그족 아이가 학교에 들어오려는 동기 중에는 때때로 재미있는 것들도 있다. 어떤 아이는 자신이 '연기를 토하는 낙타'라고 부르는 자동차를 타 보고 싶어서 이브라힘의 수업을 듣겠다고 부모를 졸랐다. 또 어떤 아이는 부모가 타보예 장터에서 돌아올 때마다 대추야자를 가지고 오는 걸 보고 타보예의 학교에 가면 대추야자가 있겠거니 생각했다. 그래서 그 아이는 대추야자 한 줌을 얻어먹으려고 학교에 오고 싶어 했다. 위의 두 아이가 공부를 하게 된 것은 이런 엉뚱한 동기 덕분이다. 그들은 지금 바마코의 상급 학교로 진학했다.

자동차와 한 줌의 대추야자가 한 사람의 인생을 바꾸어 놓을 수도 있다는 것, 이것이 사막의 마법이다.

자유로운 만큼 책임감을 지닌 아이들

유목민의 아이들은 일곱 살이 되면 많은 일에 책임을 질 줄 아는 어엿한 한 사람으로 여겨진다. 사내아이는 혼자서 염소 떼를 몰고 목초지로 가야 하고, 여자아이는 물을 찾으러 가야 한다. 우리들 유목민은 자신의 생각에 따라 삶을 꾸려 나간다. 부모는 우리가 스스로를 신뢰하도록 가르쳤다. 자신의 경험을 통해 우리는 스스로 넘어서는 안 될 한계를 정하게 된다. 부모는 우리가 몇 번의 실수를 저지르도록 놓아둔다. 실수를 되풀이하지 않게 하려면 그런 행동이 자신에게 해가 된다는 것을 스스로 뼈저리게 느끼도록 하는 수밖에 없다는 걸 알기 때문이다. 유목민의 아이 누구나 적어도 한 번은 불에 손을 갖다 대고, 또 겨울밤에 이불 없이 잠을 자는 경험을 하게 되는 것은 이런 이유 때문이다. 나는 아버지가 지켜보는 가운데 손바닥을 불 가까이 갖다 대던 그날을 기억한다. 나는 아버지가 그만 멈추라고 할 거라고 생각하고 있었다. 하지만 아버지는 그저 나를 지켜보고만 있었다. 서양에서 자기 아이가 손을 불에 갖다 대는 것을 그냥 지켜보고 있을 아버지는 없을 것이다. 하지만 불로부터 자신을 지킬 책임을 배우려면 때때로 불에 데어 봐야 하는 법이다. 아이들을 지나치게 보호해서 키우면 아이들은 모든 것에 겁을 내게 된다. 서양에서는 어른의 걱정이 아이에게 넘어서는 안 될 한계를 정해 준다. 그런데 이렇게 오직 두려움만을 기반으로 구축된 것은 자칫 흔들리기 쉽다. 우리를 안정되고 균형 잡힌 사람으로 만들어 주는 것은 경험으로 쌓아 올린 내면적 태도와 신념이다.

선생님의 두 모습

사막학교에서 이브라힘이 하는 역할은 단지 아이들에게 읽고 쓰는 법을 가르치는 것만이 아니다. 이브라힘은 아이들이 눈을 열어 세계를 바라보게 해 주고, 어른이 되었을 때 삶의 버팀대로 삼을 수 있는 어떤 가치관을 심어 준다. 학교에서 그가 하는 역할은 아버지와 어머니 역할의 연장이다. 이 점은 투아레그족의 삶에서 공동체라는 개념이 큰 비중을 차지하는 만큼 그럴 수밖에 없다. 우리 투아레그족은 멀건 가깝건 모두가 다소간의 혈연관계로 얽혀 있으니까 말이다! 게다가 학부모들은 대부분 문맹이다. 그런 까닭에 그들은 아이를 가르치는 일을 이브라힘에게 전적으로 위임한다. 이브라힘이 어떤 면에서 부모를 대신한다고 인정하는 것이다. 이렇게 서로를 신뢰하는 관계가 아니라면, 아이들의 교육에 관한 이런 의견 일치가 없다면, 학교는 아이들의 삶의 도약대가 되어 주려는 애초의 역할을 수행하기 어렵다. 나는 학부모-교사-학생 사이에 맺어지는 관계의 풍요함을 깨닫고 이 관계가 얼마나 큰 의미를 지닌 것인지 이해하게 되었다.

프랑스에서는 학부모와 교사, 학생이 서로 간에 맺는 이 관계가 보다 복잡하고 미묘하다. 학부모는 그들 자신이 교육을 받았기 때문에 자녀에게 주어지는 학교교육에 대해 좀 더 비판적인 시각을 적용하게 된다. 학부모들은 자녀들을 학교에 데려다 주기도 하고, 숙제를 도와줄 수도 있고 또 학교생활에 잘 적응하도록 격려해 줄 수도 있다. 하지만 아이가 왕인 사회에서는 그 아이가 학교에서 첫 눈물방울을 흘리는 순간부터 학부모는 교사와 대립한다. 그런데 아이가 학교를 통해 권위와 대면하게 되는 것은 정상적인 일이다. 학교는 인생의 수련장이기도 한 것이다.

선생님의 사랑과 뒷받침이 한 학생의 인생행로를 바꾸어 놓을 수도 있다. 이브라힘과 나는 예전에 타보예의 선생님이 우리에게 베풀어 준 관심과 너그러움이 없었다면 아마도 공부를 계속할 용기를 내지 못했을 것이다. 프랑스에 와서도 나는 학생들이 어떤 재능 있는 선생님 덕분에 지금의 길을 택하게 되었다고 이야기하는 경우를 아주 많이 보았다. 선생님들은 단순한 학습 지도교사 이상으로 인생의 길잡이가 될 수도 있다. 그러기 위해서는 학생이 선생님을 자신의 동맹자로 받아들여야 하지만 말이다.

자신을 보호하는 방법

사막학교에서 한 아이가 이브라힘에게 달려와 친구 한 명이 자신을 못살게 굴었다고 고자질을 할 경우, 이브라힘은 친구를 일러바치는 아이에게 즉시 따끔한 주의를 주곤 한다. 아이들 사이에서 일어난 일은 어른이 관여할 문제가 아니라는 것이다. 다툼이

지나치게 격화되지 않는 한 말이다. 부모와 교사는 정말로 필요가 있다고 생각될 경우에만 아이들 사이의 일에 간섭한다.

사막에도 때때로 그런 부모들이 있지만, 프랑스에서 부모들은 대개 걱정이 앞선 나머지 자녀들이 혼자 힘으로 자신을 보호하도록 놓아두지 않는다. 파리에서 나는 한 아버지가 아들과 싸운 한 사내아이를 야단치기 위해 학교 문 앞으로 가서 기다리는 것을 보았다. 그 아버지는 자신의 그런 행동이 아들을 나약한 사람으로 만든다는 걸 모르고 있었다. 사실 부모의 이런 간섭이 두고두고 좋은 놀림거리였다는 건 분명하다. 사막학교에서 나는 한 송가이족 아버지가 아들이 한 투아레그족 아이와 축구를 하다가 벌인 주먹다짐에 대해 불만을 쏟아 놓는 것을 보았다. 그 아들은 아버지가 학교에 온 것을 보자 아버지가 말을 꺼내지 않도록 하려고 갖은 애를 썼다. 아이는 이것이 자신의 명예가 걸린 문제라는 것을 알고 있었다. 아버지가 생각한 보호라는 것이 아들에게 창피함을 안겨 주고 말았던 것이다.

우리는 아이들이 스스로 자신의 무기를 갈고닦을 수 있게 하려고 끊임없이 애쓰고 있다. 그것이 아이들을 자유로운 존재로 만들어 줄 수 있는 유일한 방법이라는 걸 알기 때문이다.

친구에게 상처를 내맡기는 아이들

사막의 아이들은 아주 일찍 부모의 품에서 벗어나 혼자서 문제를 해결해 나가는 방법을 배운다. 그런 터라 친구들과 어울리다 누군가 다쳤을 때 어른에게 도움을 요청하기보다 자기들끼리 상처를 돌봐 주는 모습을 종종 보게 된다. 물론 그 상처는 후에 어머니가 좀 더 세심하게 살펴보고 적절한 치료를 해 주어야 할 테지만, 아이들은 마치 조건반사처럼 다른 아이들에게 먼저 상처를 내맡기곤 한다.

프랑스에서라면 운동장에서 뛰어놀다가 다친 아이가 가장 먼저 취하는 행동은 친구가 아닌 교사에게 달려가는 일일 것이다. 스스로 생존을 책임져야 하는 상황에 처한 게 아니니까 말이다. 그 아이는 언제나 주변에 어른이 있어서 자신을 보살펴 주고 보호해 줄 거라는 사실을 알고 있다. 그렇지만 바로 이런 이유 때문에 서구세계에서는 아이에서 청년으로 성장하는 과정이 종종 고통스러운 경험이 된다. 의지할 사람이 결국에는 자기 자신밖에 없다는 사실을 어느 순간 깨닫게 될 때 아이들은 깜짝 놀라 혼란에 빠지고 마는 것이다.

가족으로부터의 독립

투아레그족의 아이는 혼자 목초지를 찾아가는 것으로 가족과 처음 떨어져 지내는 경험을 하게 되는데, 가족과의 이런 분리는 프랑스 아이에게도 그렇듯이 투아레그족 아이에게도 고통스러운 경험이다. 그렇지만 투아레그족 아이의 경우에는 그 고통의 이유가 프랑스 아이의 경우와 똑같지 않다.

투아레그족은 부모에게서 분리되는 경험만으로는 그다지 고통스러워하지 않는다. 부모와 자식 사이가 독점적 소유 관계와는 거리가 멀기 때문이다. 아이는 두 살만 되면 어머니 품에서 떨어져 나와 다른 아이들과 어울려 지낸다. 그러다 보니 아이는 여러 천막을 전전하며 지내게 된다. 그 아이에게는 형제, 자매, 부모와 마찬가지로 사촌 형제들, 삼촌들 그리고 이모, 고모들이 모두 한 가족의 일부를 이룬다. 따라서 아이는 아주 이른 나이부터 독립성을 배우게 된다. 우리는 좁은 범위의 가족에 대해서는 이처럼 독립적이지만 반면에 공동체에 대한 귀속성은 아주 강하다. 투아레그족들은 그 개개인만으로는 아무것도 아니다. 우리는 하나의 전체인 것이다. 개별적 존재는 그 어떤 의미도 부여받지 못한다. 우리는 태어나면서부터 함께 자고, 함께 생활하고, 함께 음식을 나누며 살아간다. 우리가 학교를 세울 때 그처럼 어려움을 겪어야 했던 것은 바로 이런 이유 때문이다. 우리는 아이들을 그들의 가족과 떼어 놓는 것이 아니라 그들의 존재 이유인 공동체로부터 떼어 놓아야 했던 것이다. 외부인을 그 아이들이 어떻게 신뢰할 수 있었겠는가? 아이들을 학교로 데려온다는 것은 그들을 가족에게서 떼어 놓는 게 아니라 바로 그들 자신에게서 떼어 놓는 것이었다. 투아레그족에게 자신의 공동체 바깥에도 누군가가 있다는 사실을 가르치기란 아주 힘든 일이다.

프랑스에서는 가족과의 분리가 아이에게도 부모에게도 마찬가지로 고통스러운 경험이다. 게다가 그때까지 자식과 유지해 왔던 밀착 관계를 끊는 역할은 특히 부모에게 맡겨진다. 부모는 때가 되면 자식이 자신의 품 바깥에서 살아가도록 놓아두어야 한다. 그들은 그때까지 상호소유의 관계 속에서 지내 왔던 터라 서로 거리를 띄운다는 건 고통스럽지만, 이러한 분리는 아이의 성장을 위해 꼭 필요한 과정이다. 그렇다 보니 아이가 떠날 때 종종 부모는 위안이 필요한 상황이 된다.

감탄하는 기쁨

사막에서 우리가 꿈꿀 수 있는 것은 우리가 아는 것에 대해서일 뿐이다. 우리의 상상력은 우리가 사는 세계의 테두리 안에 놓여 있다. 우리는 낙타, 염소, 여자들, 오아시스를 꿈꾼다. 꿈은 우리의 감수성과 결합되어 있고, 그렇다 보니 언제나 풍요롭고 또 끊임없이 새로워진다. 하지만 우리의 꿈은 현실 속의 가능성에 자리 잡는다. 사막의 아이들은 추상적인 세계를 꿈꾸는 방법을 모른다. 그들은 언제나 구체적인 일을 생각한다. 가장 큰 소원은 굶주림과 목마름, 가뭄이 닥쳐도 꿋꿋이 살아가는 것이다. 그렇더라도 삶 속에 어떤 낯선 요소가 나타나 호기심을 불러일으키면 그때부터 하루하루는 꿈이 된다. 그런 경험을 통해서 아이들은 가능성을 경이롭게 발견한다. 유년 시절의 열광과 순진함에 힘입어 삶이란 일종의 꿈이어서 탐험이 필요하다는 인상을 받는 것이다. 이처럼 삶에 대해 끊임없이 경이로움을 느낄 수 있는 능력은 나이가 든다고 해서 사라지지는 않을 것이다. 성장하면서 아무것도 소유해 보지 못한 사람은 무엇을 보더라도 그것이 당연히 주어지는 것이라고 생각하지 않는 법이다.

문명세계 아이의 경우 무엇인가를 꿈꾸는 데는 더욱 많은 조건이 따른다. 삶의 무한한 가능성이 보장된 환경에서 성장하는 덕분에 꿈이 보다 추상적이고 다채롭다. 텔레비전, 영화, 책, 다양한 만남들을 통해 아이의 상상력은 끊임없이 자극받고 자양분을 얻는다. 그런데 이런 점이 좋은 면도 있지만 동시에 위험성도 지니고 있다. 자칫 그 어떤 것에 대해서도 감탄할 줄 모르는 사람으로 성장할 수 있기 때문이다. 도저히 가능할 듯싶지 않은 일조차도 서구사회에서는 당연한 것처럼 보인다. 그렇다 보니 아이는 무엇인가에 감탄하는 기쁨을 느끼기 위해 평생 동안 새로운 가능성들을 찾아 헤매게 될 것이다.

세상을 보는 눈

프랑스의 아이들은 아주 어릴 때부터 뉴스를 통해 세계에서 일어나고 있는 일들을 접하게 된다. 그런 까닭에 자신이 살고 있는 세계를 일찍 인식하고 그 인식과 더불어 성장한다. 한 걸음 더 나아가 그 세계에 참여하기도 한다. 부모와 함께 시위에 참가하기도 하고, 텔레비전 뉴스를 보면서 자신의 의견을 표현하는 데 즐거움을 느끼기도 하는 것이다. 때때로 학교에서 토론을 벌일 때도 있다. 나는 프랑스의 아이들이 자신이 살고 있는 시대에 대해 성숙한 생각을 지닌 걸 보고 놀란 적이 한두 번이 아니다. 나는 여덟 살일 적에 염소 마릿수를 세고 있었는데, 프랑스의 아이들은 같은 나이에 벌써 부모와 지구온난화에 대해 이야기를 나누고 있다니! 아주 빠른 속도로 앞으로 달려 나가는 세계에서는 무관심을 유지하기가 어려운 법이다.

사막의 아이들은 자신이 몸담고 있는 시대에 대해 아주 늦게야 눈을 뜬다. 그들은 자연과 더불어 살아가는 데 만족하는 터라 고민도 근심도 모른다. 부모들은 미국인이 달에 갔었는지 어쨌는지를 아는 일에는 아무 관심도 없다. 그들의 관심은 오로지 자신의 삶을 이어 나가는 데 필요한 구체적이고 물질적인 가치들을 전수하는 것이다. 그런 터라 사막에서 보내는 유년 시절은 세계가 빚어내는 갖가지 혼란과 불협화음들로부터 안전하다. 사회와 맞닥뜨리게 될 때 그 사회가 종종 폭력적인 모습을 내보일지라도, 우리 사막 주민들은 유년 시절의 이 무균 인큐베이터를 자기 내부에 보존하고 있어서 그것이 또 우리를 보호해 준다. 우리의 문화에서는 사막 바깥의 세계란 우리와는 상관없는 것이어서 바깥으로 관심을 돌리기가 쉽지 않다. 아주 작은 것에 만족하며 그 자체로 충족되는 어떤 삶도 있는 법이다.

물질적인 소박함

물질적으로 풍부하다고 해서 상상력이 따라서 풍요해지지는 않는다. 늘 생활수단의 결핍을 겪는 우리 사막 주민들은 그로 인해 끊임없이 여러 가지를 창안해 내야만 한다. 사막에서는 물건 하나하나가 여러 가지 용도를 지닌다. 아무것도 없을 때는 무엇이든 요긴해지는 법이다. 그런 터라 사막의 아이들은 가느다란 철사 한 토막과 작대기 하나만 가지고도 몇 시간이고 놀 수 있다. 한 가지 놀이에 싫증이 나면 아이들은 또 다른 놀이를 창안해 낸다. 사막학교에서 아이들이 갖고 놀 거리라고는 바람 빠진 공 하나가 전부다. 아이들은 모래 속에서 찾아낸 것을 자신의 현재 상황과 결합시켜 끊임없이 새로운 놀이를 만든다. 만약 문명세계에서 흔히 보는 인형들이나 모형 자동차들을 준다면 아이들은 곧바로 싫증을 낼 것이다. 그 물건들은 그 자체로 끝이기 때문에 상상력을 발휘해 꾸며 낼 거리가 없다. 이런 모습은 사실 문명세계의 어린아이들도 마찬가지이다. 나는 프랑스의 아이들이 학교 운동장에서 하찮은 플라스틱 조각을 갖고 놀면서 크리스마스 선물로 받은 근사한 장난감을 옆으로 밀쳐놓는 것을 종종 보아 왔다.

  어린아이가 상상력을 가꾸어 나가는 데에는 물질적인 소박함이 필요하다. 아이는 로봇 장난감에 금방 싫증을 내고 나무 작대기를 다시 손에 잡아들 것이다. 이런 점에서 볼 때 사막의 교육은 하나의 본보기가 될 수 있다.

사막의 아이는 고통과 함께 태어난다

  사막에서는 고통이 우리 일상의 일부분이다. 우리는 고통과 함께 태어난다. 사실 야영 생활에서 산모는 해산할 때마다 매번 자신의 목숨을 걸어야 한다. 어머니는 아이에게 생명을 줌으로써 생명을 잃을 수도 있다. 우리에게는 아이를 난산으로 힘들게 낳을

수록 아이와의 정이 돈독해진다는 속담이 있다. 실제로 어머니는 해산의 고통을 겪으면서 자신의 모든 힘을 소진하며, 어떤 의미에서는 태어날 아이에게 자신의 모든 것을 바친다고 할 수 있다. 그렇게 해서 태어난 아이 역시 곧장 고통과 접하게 된다. 추위, 태양의 뜨거운 열기, 질병, 목마름 같은 고통 말이다.

  우리는 불평할 줄 모른다. 모래바람이 휘몰아칠 때 우리의 할아버지와 할머니도 말없이, 의연히 견뎌야만 했는데 우리가 어떻게 불평을 할 수 있겠는가? 선택의 여지가 없는 터라 우리는 고통을 장애물로 여기지 않고, 우리의 생명력을 강화하기 위해 거쳐야 하는 하나의 단계로 받아들인다.

  서구세계에서 삶의 규범이란 무엇보다 고통을 피하는 것이다. 고통을 완화시킬 수 있다는 건 멋진 일이지만, 그러나 또한 고통은 필요한 것이기도 하다. 고통은 우리를 강하게 만든다. 우리는 시련을 견딤으로써 성장할 수 있다. 나는 과거로, 야만시대로 돌아가자고 말하는 것이 아니다. 그렇지만 아이들이 고통에 겁을 내면서 뒷걸음치는 모습을 보면 안타까운 마음이 든다. 작은 아픔은 하나의 드라마가 되어 거기에서 어떤 가르침을 끌어내게 될 때도 있는 것이다.

자기 의사를 표현하는 능력

프랑스에서 아이는 왕이다. 가족생활은 아이를 중심으로 돌아간다. 아이는 부모에게 자신이 존재하고 있음을 명확히 드러내며, 자신의 생각을 알리고, 자신이 원하는 것을 요구한다. 아이는 말을 하면서부터 하나의 인격체가 되어 의사를 존중받는다. 부모는 자식들의 말에 귀 기울이고, 때때로 자식의 의견을 받아들여 자신의 생각을 바꾸기까지 한다. 나는 프랑스의 부모가 형편없는 시험 성적을 받아들고 온 여덟 살 난 아이와 함께 과연 그 아이가 그런 상황에서도 밖으로 나가 축구를 하고 노는 것이 합당한지에 대해 오랫동안 토론을 하는 것을 보고 무척 놀란 적이 있다. 그럴 경우 부모가 아이에게 결국은 축구 놀이를 금지한다 하더라도 아이는 자신이 한 사람의 소중한 인격체라는 인상을 간직하게 될 것이다. 프랑스에 와서부터 내가 한층 놀라워했던 일은 동생이 형에게 대들기도 한다는 것이었다. 그런 일은 우리 사막에서는 있을 수 없는 일이다.

사막에서 아이는 사슬을 이루는 고리 가운데 하나일 뿐이다. 그러므로 아이는 기존의 질서를 흩뜨리기보다 그 질서에 융화되어야 한다. 아이가 자기보다 나이 많은 형제에게 복종해야 하는 것은 이런 이유에서이다. 우리에게는 노인은 청년이었던 적이 있지만 청년은 늙어 본 적이 없다는 격언이 있다. 연장자는 경험을 통해 갖가지 지식을 얻은 사람이고 그런 만큼 원칙상으로 늘 옳다. 경험은 지혜를 의미한다. 사람마다 경험하는 것이 다 똑같지는 않다. 그럼에도 불구하고 아들은 아버지나 어머니의 뜻을 결코 거스를 수 없을 것이다. 우리가 〈어린 왕자〉라는 책과 만난 일을 계기로 학교에 가고 싶어 했을 때 우리 부모는 고개를 저었다. 당시 우리는 부모의 그런 대응이 옳지 못하다고 생각했다. 하지만 우리는 그들이 잘못 생각하고 있다는 말을 부모에게 할 수 없었다. 그저 우리의 뜻을 납득시킬 근거들만 보였을 뿐, 그들에게 정면으로 항의하지 못했다. 행여 그랬다가는 부모의 권위를 침범하고 부모를 존중하지 않는 행동이 되었을 것이다.

존중할 줄 안다는 것은 중요한 일이다. 하지만 그 존중이 지나쳐 억압이 되면 우리가 독립된 인격으로 성장하는 데 방해가 된다. 사막의 젊은이들은 자신의 의사를 표현할 줄 모른다. 연장자는 늘 옳다고 믿는 바람에 자신의 생각에 자신감을 갖지 못하는 것이다. 그들은 결코 자신이 무슨 생각을 하는지 이야기하는 법이 없다. 자신의 의사를 표현하는 방법도, 주장하는 방법도 배우지 못했기 때문이다.

나는 사막으로 돌아가서 프랑스에서 얻은 경험을 바탕으로 변화가 반드시 전통을 무너뜨리는 일이 아니라는 걸 이해시키려고 노력했다. 아이들은 부모를 존중하면서도 자신의 의사를 표현할 수 있다. 그것이 프랑스가 내게 늘 일러 주는 점이다.

사막의 아기

몽펠리에서 지낼 때 어떤 어머니와 아기와 더불어 한나절을 보낸 적이 있었다. 그날 지켜본 어머니와 아기의 모습은 나를 무척 곤혹스럽게 했다. 아기와 연관되어 혹은 아기를 위해 그렇게도 많은 일이 의식처럼 치러지는 것을 나는 그날 처음 보았다. 수시로 기저귀를 갈아 주고, 때맞춰 이유식을 먹이고, 영양의 균형을 맞추는 데 지나치게 신경을 쓰면서 혹시 아기가 울기라도 하면 어머니는 당장 아기를 품에 안고 어르곤 했다. 그러다 보니 그녀는 하루 종일 극도로 긴장해서 보냈고, 그녀가 느끼는 걱정과 스트레스는 나까지도 긴장과 불안감에 빠지게 했다. 하루가 끝날 무렵이 되자 결국 나는 완전히 지쳐 버렸고, 그녀 역시 두 발로 서 있을 수도 없을 만큼 기진맥진했다. 그렇게 하루를 보낸 뒤 그녀가 조금 쉬려고 할 때 이번에는 아기가 잠을 깨어 울어 댔다. 나는 자리에서 일어나지 말라고 그녀를 말렸다. 그렇게 쉴 새 없이 들여다보고 만지작거려서야 작고 예쁜 싹이 어떻게 제대로 피어날 수 있겠는가? 그렇지만 그녀는 기어코 일어나 아기에게로 갔다. 그런 모습을 보면서 나는 사막의 아기들이 얼마나 일찍부터 스스로 모든 것을 해결해 나가는지 실감했다.

야영지에 돌아갔을 때 나는 두 살 먹은 조카, 그러니까 이브라힘의 딸이 발가벗은 채 모래 위를 뛰어다니는 모습을 보게 되었다. 조카는 염소 똥이 널려 있거나 말거나 모래 속에서 뒹굴곤 했다. 조카가 부엌 수챗물 가까이에서 노는 걸 보면서, 아미나타가 낯선 사람의 품에 스스럼없이 조카를 맡기는 걸 보면서, 파리 떼가 조카 주위를 빙빙 돌고 있는 걸 보면서 나는 아무래도 아이에게 무슨 탈이 생길 것만 같아 걱정스러웠다. 그런데 우리도 모두 그렇게 자라 왔다. 그렇게 해서 우리는 강한 아이로 자라난 것이다. 물론 나도 조카딸을 보면서 건강과 위생에 대한 강박증까지는 아니더라도 생활 여건을 개선시켜야 한다는 생각을 했다. 하지만 이 점 한 가지는 여전히 확신하고 있다. 과보호는 사람을 연약하게 만든다는 점을 말이다.

하나의 세계에서 또 다른 세계로

사막학교에서 여자아이들은 머리카락을 손질하고, 몸을 씻고, 서로 맵시를 비교하고, 거울을 들여다보고, 송가이족 소녀들과 어울려 지내며 머리를 땋는 법을 배우곤 한다. 그들은 야영지에서 지낼 때와는 다른 옷을 접하게 된다. 사내아이들은 축구를 하고, 다른 언어를 쓰는 아이들과 어울리면서 같은 투아레그족을 편들기 위해 뒤엉켜 싸우기도 하고, 강에서 물고기를 잡고 카누 타는 법을 배우기도 한다.

이렇게 학교에서 한 학년을 보내고 여름방학을 맞아 야영지로 돌아가면 뭔가 묘하게 낯선 느낌이 생겨난다. 여자아이들은 학교에서 입고 지내던 옷을 계속 입으려 하면서 위생에 신경을 쓰게 된다. 예전에는 위생이라는 것이 무엇인지도 몰랐었는데 말이다. 그들은 송가이족 소녀들처럼 머리카락을 땋는다고 가족들로부터 구박을 받기도 한다. 여자아이들은 자신들이 떠나 있던 이 야영지의 생활에 다시 익숙해져야만 한다. 사내아이들 역시 무엇이든 공처럼 생긴 것이 있으면 그것으로 축구를 하려 든다. 또한 땔감을 찾으러 가야 하는데도 불구하고 때로는 책 읽기에 정신이 팔려 일을 등한히하기도 한다. 아이들은 학교를 통해 또 다른 문화를 접하고 또 다른 생활 방식을 몸에 익힌 터라, 가족과 거리가 생긴 것은 아니라 할지라도 어쨌든 가족과는 다른 모습으로 성장한 것이다.

서구사회에서는 학교와 가족의 삶 사이에 간극이 없다. 학교생활과 가족생활은 서로가 서로의 연장이다. 또한 기숙사에 들어간 학생들을 놓고 보자면 집에서의 생활이 더 안락하고 쾌적할 때가 많다. 사막에서는 그 반대이다. 가족과 함께 지내는 생활이 기숙사 생활보다 훨씬 고되다. 그렇지만 그런 고된 삶이 바로 그들의 삶이고, 또 그들은 그 삶을 사랑한다. 서구사회에서는 삶의 방식이 어디서나 비슷한 데 반해서, 투아레그족은 야영지를 떠나 생활하는 동안 여러 세계와 부딪치며 적응하는 법을 배우게 된다. 어떻게 보면 다양한 세계와의 이런 만남이 바로 우리 문화의 일부이기도 하다. 유목민이란 자신이 처한 환경에 끊임없이 적응하는 법을 배워야 하는 것이다.

사막학교에는 시계가 없다

프랑스인은 아주 어릴 적부터 시간 개념을 익히게 된다. 그러므로 매일 아침 등교 시간에 늦지 않도록 부모가 아이를 깨우는 것을 자연스레 받아들인다. 부모가 그러는 것이 아이로서는 괴롭고 때로는 참을 수 없을 정도이긴 하지만, 또한 그건 당연한 일이기도 하다. 아이가 아침에 억지로 잠을 깨는 것은 무척 힘든 일이다(이건 어른이라고 해서 다를 바 없지만 말이다……). 그런데 서구인에게는 극복해야 할 하나의 시련이 된 이 일이 투아레그족에게는 그렇지 않다. 투아레그족은 동이 트는 것과 함께 잠에서 깨어나기 때문이다. 투아레그족의 생활은 일반적으로 해가 뜨면서부터 시작된다. 우리는 낮과 밤의 리듬에 맞춰 살아간다. 그런 터라 아침에 억지로 잠에서 깨어나는 고통이 우리에게는 생소할 수밖에 없다.

그 반면 사막학교 학생들이 몹시 힘겨워하는 것은 바로 정해진 시간표에 따라 움직이는 일이다. 우리는 시간을 잘게 나누어 쓰는 데 익숙하지 않다. 우리는 시간 속에서, 시간에 몸을 맡기고 살아간다. 계절의 리듬이 곧 우리의 리듬이다. 우리의 하루는 시간으로 분할되어 있는 것이 아니라, 해가 뜨는 새벽과 해가 지는 황혼으로 경계가 지어져 있을 뿐이다. 나는 무슨 일에든 시간을 맞추지 못하고 늦는 일이 많다. 외부의 돌발 상황을 고려하여 시간을 조절하는 방법을 모르는 탓이다. 생활이 시곗바늘의 움직임을 엄격하게 따라야만 한다는 생각이 우리에게는 심어져 있지 않다. 그러니 사막학교의 학생들이 무슨 수로 자신이 지각을 했는지 이르게 왔는지를 알겠는가? 기숙사에는 시계를 가진 사람이 아무도 없다. 아이들은 직관을 통해 때를 알아차린다. 아이들은 하늘을 보면서 시각을 알고, 그 시각을 몸으로 느낀다. 그런 터라 이브라힘은 지각에 대해서는 벌을 주지 않는다. 시간이란 우리가 사용하는 것이지 얽매여야 할 건 아니다.

때를 쓸 수 있는 여유

프랑스에서 지낼 때 언젠가 나는 한 아이가 어머니에게 "과자를 주지 않으면 저녁밥을 안 먹을 테야!"라고 말하는 걸 듣고 무척 흥미로웠던 적이 있다. 그때 나는 어머니가 어떻게 대답할지 궁금해서 지나가지 않고 기다렸다. 다행히 그 어머니는 아이의 협박에 눈도 깜짝하지 않았다. 그렇지만 무언가 요구 사항을 관철

시키기 위해 이런 방식을 동원할 수도 있다는 건 나로서는 한 번도 생각해 보지 못한 일이었다. 사실 병적으로 심각한 경우가 아닌 한 아이가 이렇게 떼를 쓴다고 해서 가족생활이 큰 영향을 받는 것은 아니다. 프랑스에서는 한 아이가 저녁을 먹지 않았다는 사실이 심각한 문제가 되지는 않는다. 다음날이면 또 먹을 수 있으니까 말이다.

반면 사막에서는 내일 어떤 상황이 벌어질지 예측할 수 없다. 그런 터라 삶이 부여해 주는 선물을 가지고 장난치는 법이 없다. 생명의 혜택이란 일시적 욕구와 나란히 놓고 저울질할 수 있는 것이 아니다. 투아레그족이 어떤 뚜렷한 이유가 있어서 단식할 경우 그것은 심각한 사건이다. 그 사람은 자신의 행동으로 인해 생명이 위태로워질 수도 있다는 사실을 안다. 영양결핍을 이겨 내고 만회할 수 있을 만큼 충분한 식량이 없기 때문이다.

잠깐 한눈팔아도 굴러떨어지고 마는 절벽 위에 산다면 한 걸음 한 걸음을 함부로 내디딜 수 없는 법이다.

어머니 역할을 하는 냉장고

냉장고는 프랑스의 많은 가정에서 생활의 중심이다. 아이가 학교에서 돌아와서 가장 먼저 하는 일 가운데 하나는 냉장고 문을

여는 것이다. 군것질 거리가 있는지 보려는 것만이 아니라, 무엇보다도 그 행동에서 안도감을 얻기 때문이다. 음식물로 가득 찬 냉장고는 어머니의 관심과 사랑이고, 맛있는 식사가 기다리고 있다는 약속이다. 가족이 모두 외출하고 없을 때 냉장고는 그 텅 빈 집안을 채워 주는 존재이다. 부모는 직장에 나가 저녁 식사 때가 되어야 돌아올 테지만, 냉장고가 가득 채워져 있으니 아무 문제도 없지 않은가! 프랑스에서 지내면서 나는 음식물이 정서적으로 아주 큰 의미를 지니고 있다는 사실을 깨달았다. 굶주림이라는 것을 한 번도 경험해 본 적이 없는 아이가 음식물로 채워진 냉장고에서 정서적 위안을 얻는다는 것이 놀라웠다.

유목민 아이는 식량 자루가 가득 차 있는지를 확인하는 법이 없다. 중요한 건 자신이 음식을 먹는 일이다. 유목민 아이는 안도감을 얻으려 하지 않는다. 그러는 대신 믿는다. 달리 방법이 없기 때문이다. 그래서 만약 내일 먹지 못하는 일이 벌어져도 그다음 날이면 먹을 수 있을 거라고 믿으면서 참아 낼 수 있다. 서양인은 배고픔을 겪어 본 적이 없는 터라 행여 밥을 굶게 될까 봐 두려워한다. 마음 밑바닥에는 굶는다는 것에 대해 마치 버림받은 것 같은 느낌을 품고 있는 것이다. 유목민은 식량 자루에 애착을 갖지 않는다. 대신에 우리를 실어 갈 운명에 의지한다. 우리의 식량은 우리의 내면에 있다. 그러므로 식량이 충분하지 않을 때 우리는 메크툽, 즉 운명에 우리 자신을 내맡긴다.

아프리카식 수업

타보예의 학교에서는(송가이족의 학교든 투아레그족의 학교든) 수업 도중 교사가 칠판 쪽으로 몸을 돌리고 있을 때 아이들이 공책을 가져온답시고 책상 위로 건너 뛰어다니는 경우가 종종 있다. 그런 모습을 교사가 눈치채지 못한다고 말할 수는 없지만 어쨌거나 교사는 아무 일도 없었던 것처럼 수업을 계속한다. 우리의 교육은 존중에 기초하고 있지만, 사실 너그러움 없이 엄격함만으로 이 사막의 아이들을 통제하기란 불가능하다. 레일라가 별안간 책상 밑으로 기어들어 가고, 모하메드가 의자 위에 올라서고, 리사는 강으로 달려가 소변을 보고, 모사는 두 팔에 머리를 묻고 꿈나라로 가는 일들이 마치 숨쉬기처럼 자연스럽게 하루 수업 중에 일어난다. 이런 일들이 실제로 수업에 집중하는 걸 방해하기도 한다. 그렇지만 학교가 삶을 배우는 곳이라고 한다면, 학교는 삶에서 마주치는 갖가지 일의 집합소가 될 수도 있는 것이다.

나는 프랑스의 아이들이 교실에 들어와서는 얌전하게 앉아 있는 걸 보고 무척 놀랐다. 사실 아주 구석진 동네의 학교에는 가본 적이 없으니 단언하기는 어렵지만 말이다. 몇 시간에 걸쳐 수업이 이어지는 동안 어느 한 사람 의자 위로 올라가지 않는다는 것이 나로서는 의아하기 짝이 없었다. 하지만 그런 식의 수업은 교사의 말에 집중하게 한다는 점에서 확실한 장점이 있다. 그러니 이브라힘도 그러려고 한번 시도해 볼 만한 가치가 있다.

어른이 되고 싶은 아이들

부모의 지나친 근심은 아이들의 성장에 해가 된다. 서구사회의 아이들은 아주 일찍부터 부모의 간섭 없이 무엇이든 해 보려는 꿈을 품는다. 부모들은 그런 아이들을 혼내기보다 그런 마음을 이해하려고 해야만 할 것이다. 내 친구인 폴은 여섯 살일 때 어느 날 학교가 파한 뒤 혼자서 집으로 돌아간 적이 있었다고 한다. 어머니가 폴을 데리러 학교에 가 보니 그가 없었다. 두려움에 빠진 어머니는 경찰에 신고했다. 그녀가 경찰에 건넬 사진을 가지러 집에 돌아와 보니 아들이 아무 일도 없다는 듯이 마당에서 놀고 있었다. 경찰들은 폴에게 따끔하게 주의를 주려고 불러서 물었다.
"어째서 혼자 돌아온 거니?"
폴이 대답했다.
"빨리 어른이 되고 싶었거든요."
당시 그가 어렸던 것은 사실이지만…… 그래도 그는 호된 꾸중을 들었다. 어른이 되려는 시도가 '그 나이에 그래서는 안 된다'는 이유로 무참하게 좌절당했던 것이다. 그러나 무엇이든 아이의 나이에만 맞춰 재단할 게 아니라, 아이가 추구하는 것이 무엇인지 고려할 필요가 있다.
어른들의 두려움이 아이들의 성장을 가로막는다. 아이들은 자율적으로 행동할 때 어른들이 생각하는 것보다 훨씬 더 잘할 수 있고, 또 훨씬 더 책임감 있게 행동할 수 있다. 그런데도 아이들에게는 모든 일이 할 수 있는 것과 할 수 없는 것으로 나뉘어 주어진다. 부모는 그 이유에 대해서도 충분히 설명해 주지 않는다.
사막의 아이는 여섯 살이 되면, 폴이 그랬던 것처럼 부모의 허락을 받지 않고 혼자 집을 떠나기도 하는데, 그렇게 함으로써 그 아이는 부모의 자랑거리가 된다. 자신이 독립적으로 행동할 수 있는 어엿한 한 사람이라는 것을 보여 주었으니까 말이다. 부모는 아이를 혼내기는커녕 그런 그의 행동을 이해해 줄 것이다.

압도라만은 사막학교의 일곱 살 된 학생이었다. 하루는 그의 아버지가 학교로 찾아와서 야영지가 있는 위치를 아들에게 가르쳐 주었다. 그곳은 학교에서 십여 킬로미터 떨어진 거리였다. 아버지는 아들에게 며칠 후면 타바스키이고, 그러면 양고기를 가지고 다시 그를 보러 오겠다고 말했다. 타바스키는 이슬람교도들의 아주 중요한 명절이다. 이날이 되면 각 가정에서는 양을 잡아 그 고기를 이웃집들과 나누어 먹곤 한다. 헤어져 지내던 가족들이 다시 한자리에 모이는 날이자 나눔의 즐거움을 누리는 이날, 사람들은 기도를 올리고, 가장 좋은 옷을 차려입고, 또 노래하고 춤을 춘다. 타바스키 하루 전날, 압도라만은 자신이 아버지에게 가서 양을 잡는 일을 도와야 하지 않을까 생각했다. 그건 남자들이 해야 하는 일이니까 말이다. 게다가 그는 집에서 독자였다. 아침이 되자 그는 아무에게도 말하지 않고 샌들을 신고 길을 떠났다. 그의 아버지는 아들에게 자신을 도우러 오라고 시킨 적이 없었지만 아들이 온 것을 보고 기뻐했고, 아들이 책임감을 지녔다는 사실을 자랑스러워했다. 학교에서는 몹시 걱정했지만 그럼에도 불구하고 중요한 건 그가 돌아왔다는 점이었다. 폴처럼 압도라만 역시 어른이 되고 싶었던 것이다.

시간의 리듬에 자리 잡는 법

파리의 아이들은 학교생활 이외에도 많은 것을 배우고 여러 가지 활동에 참가하는데, 그 활동들은 대개 부모가 시킨 것들이다. 부모는 아무 일도 하지 않는 상태에 대해 불안감을 느끼기 때문에 그 불안감을 그대로 자녀에게 옮겨 놓는다. 무슨 수를 써서라도 시간을 채워야 하는 것이다. 나는 아이들이 하루 동안에 세 가지나 되는 과외활동을 하는 걸 보았다. 아이들은 즐거워야 할 과외활동을 마치 컨베이어 벨트에 놓인 것처럼 연속적으로 한다. 일곱 살인 샤를로트는 수요일마다 수영을 하고, 수영장에서 나오자마자 발레 레슨을 받으러 달려가야 한다. 그러고는 발레 치마를 벗자마자 서둘러 집으로 돌아가 피아노 교습을 받는다. 하는 일 없이 빈둥거리며 이런저런 일에 호기심을 품어 볼 시간은 없다. 재미난 일을 상상하거나 독서를 할 시간도 없다. 그 아이는 학교 문 밖으로 나서면서부터 자신을 위한 공간을 잃고 만다. 이런 방식으로 생활할 경우 아이들은 시간의 리듬을 타지 못한다. 아이들은 스스로 시간을 분절해서 쓴다.

사막의 아이들은 야영지에서 맡은 일 이외에는 자신이 하고 싶은 일을 어른의 허락을 구하지 않고 스스로 선택해서 한다. 심지어 부모는 아이들이 무엇을 하는지 일일이 관심을 보이지도 않을 것이다. 우리의 이런 교육 방식이 지닌 특징은 아이가 원래부터 주어진 삶과는 다른 여러 영역들을 발견하도록 유도하지 않는다는 것이다. 우리가 중요하게 여기는 건 아이가 시간 그 자체의 리듬 속에 자리 잡을 수 있도록 놓아두는 것이니까 말이다.

불 견디기 통과의례

프랑스에는 아이들이 어른의 세계로 건너가기 위해 거쳐야 할 단계, 통과의례들이 정해져 있지 않다. 아이가 어떤 다른 단계로 이행하기 위해 겪는 변화의 구체적인 표징도 사춘기를 제외하고는 없다. 그렇다 보니 청년은 육체는 이미 아이가 아닌데도 정신적으로는 유년을 벗어나는 데 어려움을 겪는다. 프랑스에서 청소년기가 힘든 시기인 건 바로 이런 이유 때문이다. 육체는 한 단계를 넘어섰는데, 정신은 자신이 있어야 할 자리를 찾지 못하고 방황하는 것이다.

우리 투아레그족은 청소년기의 방황을 그리 심하게 겪지 않는데, 그것은 어른의 세계로 아주 빠르게 넘어가게 해 주는 의식 덕분이다. 소년들은 일정한 나이에 이르면 공동체에서 가장 나이 많

은 사람들과 함께 사막으로 떠난다. 나이 든 사람들은 소년들에게 상대와 백병전으로 싸우는 법을 가르치고, 또 고통을 참는 법, 배고픔과 목마름을 가르친다. 혼자서 야영지로 돌아오는 방법, 자신이 있는 곳이 어디쯤인지 위치를 읽는 방법, 그리고 사막의

야생동물을 물리치는 방법도 가르친다. 소년들이 이 학습 과정을 성실하고 용감하게 통과하면 그들에게는 두건을 두를 수 있는 자격이 주어진다. 그러면서 어른으로 대접받게 되는 것이다.

  나는 그 의식을 치렀던 때를 영원히 기억할 것이다. 나이 많은 사촌 형들이 나를 비롯하여 내 나이 또래의 소년들에게 이틀간 떠났다가 오자고 제안했다. 길을 가다 한 우물가에 도착했는데, 우리에게는 양동이도 밧줄도 없었다. 사촌 형들은 자신의 두건을 벗어 우리에게 건네주었고, 우리는 그 두건들을 차례로 이어 묶어서 긴 끈을 만들었다. 낡은 플라스틱 통을 구해 온 우리는 그 통을 양동이 모양으로 잘라 우물물을 길어서 목을 축이고 음식을 만들 수 있었다. 사촌 형들이 조를 빻은 가루와 그릇을 가져온 덕분이었다. 그날 밤 소년들은 사촌 형들이 지켜보는 앞에서 맨발로 불 위를 걸었다. 이런 의식을 거쳐 우리도 두건을 쓸 자격을 얻었던 것이다. 투아레그족 소년들은 열네 살 무렵 이 의식을 치르는데, 의식을 통과한 사람은 한 사람의 어른으로 대접받는다. 어른들은 우리의 의견에 한층 더 진지하게 귀 기울여 주고, 그리하여 우리도 비로소 가족의 대소사에 참여하게 되었음을 느끼게 된다.

어른의 세계로 넘어가게 해 주는 어떤 상황을 경험할 수 있다면 청소년기의 방황은 줄어들 것이다.

사물의 가치

사막의 아이에게는 물건 하나하나가 귀중하다. 무엇이든 대개 하나밖에 없기 때문이다. 그 물건들은 다른 것으로 쉽게 대치될 수 있는 것이 아니므로 더욱 가치를 지닌다. 또한 한 가지 물건을 손에 넣기 위해서는 그에 따른 희생을 치러야 한다. 나는 지금도 나무 주걱 하나가 기억나는데, 그 주걱을 어머니는 마치 보물처럼 소중하게 다루셨다. 평범한 나무 주걱이었지만 그것이 없으면 우리는 요리를 할 수 없었다. 우리가 가진 것 중에 그 용도로 쓸 수 있는 유일한 것이었으니까 말이다. 그런 터라 우리는 아주 어릴 때부터 물건을 소중하게 다루는 태도를 익히게 된다. 물은 귀한 것이고 물건들은 무엇이든 쓰임새가 있다는 의식이 굳게 자리 잡는 것이다. 야영지 생활이 조화를 유지하려면 소소한 물건들이라도 늘 소중하게 다루어야 한다는 사실을 우리는 알고 있다. 그건 우리가 사막에서 살면서 끊임없이 실감하는 점이기도 하다.

  프랑스에서는 물건을 귀하게 여기지 않는다. 물자와 용품이 대량 생산되는 덕분에, 뭔가 한 가지 물건이 없다고 해서 삶의 균형이 무너질 염려는 없다. 그렇다 보니 아이들은 무엇인가를 갖기 위해 힘든 노력을 쏟아부을 필요가 없다. 극도로 가난한 경우가 아니라면 아이들은 마치 빌려 준 것을 돌려받듯이 물건들을 손에 넣곤 한다. 그러니 아낄 줄 모르는 건 당연하다. 학급 동료들도 다들 그러니까. 나는 아이들이 음식이 고스란히 담긴 접시를 쓰레기통에 던져 넣는 것을 보고 가슴이 아팠다. 무엇이든 함부로 낭비해서는 안 된다는 사실을 그 아이들에게 어떻게 이해시킬 수 있을 것인가? 삶을 이어 나가는 데 필요한 모든 것을 소중히 다루어야 한다는 점을 어떻게 설명해 줄 것인가?

뿌리의 존중

유독 투아레그족들만 자신의 뿌리를 존중하는 건 아니다. 뿌리에 대한 존중은 말리 전역에 자리 잡은 태도이다. 말리는 제각각 고유한 문화를 지닌 여러 부족이 모인 국가인 터라, 우리 투아레그족은 한 부족집단의 일원이라는 의식과 한 국가의 국민이라는 의식을 함께 지니고 있다. 우리는 학교에 가서는 시민교육 과목들을 열심히 공부한다. 또한 아주 일찍부터 투아레그족 고유의 문화에 대해 자부심을 품으며, 이러한 자부심을 평생 간직한다.

프랑스 청소년들은 만약 그럴 수만 있다면 시민윤리니 공공생활이니 하는 수업들은 기꺼이 빼먹을 것이다. 그들은 어떤 문화적 집단에 소속될 필요성을 덜 느낀다. 사람은 자신이 어딘가에 소속되어 있다는 사실에서 안심과 위안을 얻는데, 프랑스에서는 가족이 그런 역할을 충분히 해 주기 때문이다.

우리 투아레그족에게 가족은 바로 우리의 문화다. 우리의 문화가 위기에 처했다는 느낌이 우리로 하여금 근본에 한층 더 깊이 뿌리내리도록 만든다. 우리는 유목생활을 하지만, 그럼에도 우리의 마음은 한곳에 정주한다.

세상의 모든 아이들은 마음속으로 알고 있다. 자신이 어디 사는 누구일 때 자신은 결코 혼자가 아니라는 것을 말이다.

나이와 성장

프랑스에서는 아이들이 연령별로 그룹을 이룬다. 그래서 한 그룹의 아이들은 거의 모두 체격이 비슷하고 정신연령도 같다. 개인적인 차이는 있지만, 주변의 아이에 비해 경험이 아주 부족하다든가 신체적 성숙도가 떨어지는 경우는 없다. 말하자면 프랑스의 아이들은 대등한 입장에서 성장하게 된다.

사막의 아이들은 모든 연령대의 아이들이 한데 섞여 지낸다. 그렇다 보니 나이 어린 아이들이 나이 많은 아이들에게 시달림을 당하는 경우가 종종 있다. 축구 게임을 할 때 나이 많은 아이들이 끼어들면 그 게임은 공정하게 진행되기보다 일방적이 되기 십상이다. 게다가 연장자에 대한 존중이 모든 관계의 핵심인 까닭에 자기보다 나이 많은 아이에게 항의를 하거나 맞서기란 어렵다. 반면에 이런 면이 아이들이 학교생활에 빠르게 적응하는 데는 도움이 된다. 또한 아이들은 주눅 들어 지내지 않기 위해 스스로를 뛰어넘어 성장하고자 하는 적극적 동기를 얻기도 한다. 사실 나이란 그리 중요하지 않다. 중요한 것은 자신의 성장에 얼마나 많은 힘을 쏟아붓는가 하는 것뿐이다.

고요함에 익숙한 아이들

 사막의 아이는 고요함 속에서 말없이 꽤 오래 시간을 보낼 수 있다. 사막의 아이는 스크린이 실어다 주는 이미지들 없이도 상상의 나래를 펴곤 한다. 이런 면에서 사막의 아이는 더 자유롭다. 언제 어디서든 마음만 먹으면 꿈의 세계로 달아날 수 있는 것이다. 반면에 그 상상 세계는 그리 다채롭지 못하다. 사막의 아이는 자기 자신과 자신의 일상 세계 밖으로 나가 볼 기회가 많지 않다. 그렇지만 사막의 아이에게는 텔레비전 대신에 지평선이 있다! 아득한 지평선은 아이의 꿈을 보듬는 유일한 피난처이다. 아이는 사막의 고요함에 자신의 꿈을 실어 머나먼 지점으로 떠나보낸다. 사막에서는 아이가 가까이 있어도 뛰어노는 소리가 들리지 않을 때가 많다. 아이는 사막의 고요함과 하나가 되곤 하니까 말이다.
 프랑스에서는 아이들이 소음 속에서 태어나고 성장한다. 나는 많은 수의 게임이 엄청나게 요란한 소음을 만들어 내는 걸 보고 놀랐다. 아이들이 일상생활에서 겪는 소음만으로는 충분하지 않다는 것인지! 하지만 내 생각에 프랑스 아이들은 그런 소음에서 마음의 안정을 얻는 것 같다. 그들은 고요함을 어둠과 같은 것으로 느낀다. 어린아이들을 겁먹게 하는 그 캄캄한 어둠 말이다. 텅 빈 상태를 그들은 불안해한다. 소리든 영상이든 무엇인가로 주위가 채워져 있어야 한다. 고요함으로도 주위가 꽉 찰 수 있다는 걸 그들에게 어떻게 가르쳐 줄 수 있을까?

아이의 눈높이에 맞춘 세계

프랑스에서 아이의 세상은 아이의 눈높이에 맞추어 꾸며진다. 장난감들, 아이가 있는 공간은 아이의 상상력을 따라 만들어진다. 나는 갖가지 장식과 그림, 색채로 가득 찬 학교 교실들을 보고는 깜짝 놀랐었다. 화려하고 다채롭게 꾸며진 유원지 놀이동산을 보고는 한층 더 놀랐었다. 아이들을 위한 어떤 꿈의 세계를 만드느라 그런 큰 힘을 쏟아부을 수 있다는 걸 나는 몰랐었다.

사막의 아이는 자신이 원하는 세계를 스스로 상상 속에서 꾸며야 한다. 그를 위해 창조되거나 만들어지는 것은 없다. 더 나쁜 건 그를 둘러싼 환경이 적대적이라는 점이다. 그런 환경 속에서 성장하다 보니 아이는 자신의 상상력으로 자연을 변형시켜 자신의 꿈에 통합시킨다. 그는 자기 꿈의 창조자가 되어야 한다. 다른 방법이 없기 때문이다.

프랑스에는 아이들을 위해 마련된 놀이가 있다. 예를 들면 놀이 방식을 단순화시켜 아이들에게 아주 넓은 가능성의 공간을 열어 주는 카플라 같은 것이 있다. 카플라는 장방형 나무 블록들을 가지고 여러 가지 형태를 만들어 보는 놀이다. 사용 설명서는 아이들이 어떤 형태들을 만들 수 있는지 그림으로 보여 준다. 나무 블록들은 모두 동일한 크기와 모양이다. 사막의 아이라면 그 자신이 나무 조각을 잘라 정해진 모델 없이 여러 가지 형상들을 만들 것이다. 이 경우 아이는 자신의 생각대로 만들면 되므로 한층 자유롭긴 하지만, 그 대신 자기가 아는 세계 바깥으로 나갈 기회를 얻지 못한다. 아이를 위해 공들여 마련된 단순함이란 창의력을 키우는 가장 중요한 토대가 되어 준다.

가상의 세계에 갇힌 사람들

문명이 제공하는 편리함은 우리의 시야를 좁힌다. 그런데 우리의 시야는 길들이기 나름이다. 나는 프랑스 아이들의 단체 여행에 따라간 적이 있는데 프랑스 남부 지방을 가로지르는 긴 여행이었다. 그때 나는 아이들이 아주 얌전하게 지내는 걸 보았다. 아이들은 여행 내내 겜보이에 빠져 있었던 것이다. 일행이 탄 버스는 아름다운 풍광을 가로지르고 있었지만, 아이들은 창문 밖 풍경에 눈길을 주지 않았다. 그들은 가상 세계에 매혹되어 자연의 아름다움을 돌아볼 겨를이 없었다. 사실 자신의 정신을 자유롭게 풀어놓아 스스로 꿈을 꾸는 것보다는 현실과 유사하게 창조된 또 하나의 세계에 자신을 내맡기는 일이 더 쉽다. 자연을 향해 돌린 시선은 자연과의 대화를 가능하게 해 주지만, 서양의 아이는 자연과 대면한 상태를 잘 참지 못한다. 오락을 하느라 바빠서 주위를 바라보는 법을 배우지 못하기 때문이다. 이처럼 전자오락을 통해서든 다른 어떤 방법으로든 서구사회 사람들은 끊임없이 현실을 벗어나려고 한다. 무슨 수를 써서든지 말이다.

  우리 투아레그족은 늘 자연과 대면해서 살아간다. 자연이 우리를 둘러싸고 있어서 달리 빠져나갈 방법이 없다. 우리는 자연이 메시지를 보내올 때 그것을 피하지 못한다. 자연은 우리의 육체와 정신을 단련시키는 실제 현실이지 가상의 세계가 아니다. 투아레그족은 외부로부터 단절된 세계에 살고 있지만 그렇다고 우리가 내부에 존재하는 세계에 스스로를 가두고 있는 것은 아니다. 반면 서구인들은 외부와의 소통이 활짝 열린, 지극히 풍요한 세계에 살고 있으면서도 스스로를 가둔다. 현실의 삶 속으로 뛰어들어야 한다. 가상의 세계는 상상 세계의 힘도 현실의 힘도 결코 지니지 못할 것이다.

아이에게서 배우는 어른들

너무나 빠른 속도로 변하는 시대에 아이들은 곧장 적응하는 반면 부모들은 그러지 못하고 있다. 서구사회의 아이들은 닌텐도 게임기, 컴퓨터 게임, 인터넷을 통해 어떤 세계로 이끌려 들어가는데, 그건 부모들에게는 여전히 익숙하지 않은 세계이다. 컴퓨터 앞에 앉아서 어찌할 바를 모르던 부모가 자신의 열 살 된 아이에게 좀 도와 달라고 하는 경우가 얼마나 많은가. 나는 그런 모습을 여러 번 보아 왔다.

사막학교가 생긴 덕분에 우리도 사막 야영지에서 동일한 현상을 목격하곤 한다. 학생은 새로운 지식과 다른 습관, 새로운 언어를 익혀서 야영지로 돌아가게 되는데, 부모는 아이가 받은 이런 교육과는 다른 세상에 여전히 머물러 있는 것이다. 어릴 적에 나는 글을 모르는 삼촌에게 내가 배운 것을 전부 읽어 주곤 했다. 늘 그렇듯 부모 세대는 아이한테서 배우기도 하는 법이다…….

신을 향해 자신을 열어 놓는 일

프랑스에서는 일상 대화 중에 하느님을 언급하는 일은 없다. 아이들은 학교 친구들 앞에서 자신이 신자라고 털어놓는 일에 수

치심을 느끼는 것 같다. 그렇지만 내가 교실에 들어가서 나의 종교에 대해 이야기해 줄 때면 아이들은 쉴 새 없이 많은 질문을 던지곤 한다. 신비로움에 매혹당하는 것이다. 신앙이 의무가 될 수 없다는 건 놀랍고도 멋진 일이다. 그렇지만 아이들은 하느님 이야기를 듣고 싶어 한다. 아이들은 현실과는 차원이 다른 영역을 탐험해 볼 필요가 있다. 정말로 신자가 되어 종교 계율에 따라 살지는 않더라도 어떤 정신성을 이해한다는 것은 중요한 일이다. 행복한 삶을 살기 위해서는 우리에게 결핍된 어떤 것을 향해 우리 자신을 열어 놓아야 하기 때문이다.

투아레그족 청년에게 종교란 일상의 활동을 풍요롭게 채워 주는 것이다. 아이들은 누구나 종교의식을 즐거워하고 존중한다. 사막학교 학생들은 나이를 불문하고 어느 한 사람 모스크의 돌벽을 뛰어넘으려 하지 않는다. 그 돌벽 한가운데로 공을 차 보내는 아이도 없다. 그 돌벽에는 신성한 공간을 경계 짓는다는 큰 의미가 있기 때문이다. 사람은 누구라도 성스러움과 완전히 단절되어 살아갈 수 없다. 성스러움이란 우리 안에 자리 잡고 있으니까 말이다. 신에 대한 믿음을 잃어버린 사회는 그 공허함을 메우기 위해 가상의 신을 꾸며 내는 법이다.

사하라 사막 지하수층에는 엄청난 양의 물이 보존돼 있다. 사막 아래 80미터 깊이에 도달하면 아무리 써도 고갈되지 않는 물을 만날 수 있다. 가장 메마른 땅이 사실은 가장 마르지 않는 우물이다.

나 자신으로 남는 법

다시 돌아오다

투아레그족이 시대의 변화를 즉시 따라가지 않는 이유는 우리의 정체성을 지켜 나갈 유일한 유산이 우리의 전통문화이기 때문이다. 그렇지만 우리도 점차 새로운 것을 배우며 변화해 가고 있다. 우리 투아레그족도 세계를 향해 우리를 열어 놓고 있는 것이다. 하지만 이런 개방적 태도는 우리가 전통을 계속해서 충실히 지켜 간다는 전제하에서만 가능하다. 이 점에 대해 우리의 가부장들은 엄격한 원칙을 고수하고 있다. 세계를 자유롭게 돌아다닐 수는 있지만 중요한 건 우리가 태어난 뿌리를 잊지 않고 다시 돌아오는 일이라고 말이다.

좋은 양복을 사 입을 수 있는 투아레그족이라면 밤바라족, 송가이족들로부터 정중한 대접을 받을 것이다. 하지만 그가 그 양복 차림으로 야영지로 돌아올 경우에는 무슨 비난을 들을지 모르니 조심해야 한다. 더구나 그 사람이 그런 행동을 감행할 리도 없다. 가족들 속에서 전통 복장을 하지 않고 있다는 사실에 곧바로 수치심을 느낄 테니까 말이다. 우리 형제도 야영지에 돌아갈 때면 그동안 몸에 밴 다른 습관들을 숨기려고 갖은 애를 쓰곤 한다. 우리가 투아레그족 고유의 전통과 규범에서 멀어질수록 동족으로부터 신뢰와 존중을 잃게 된다. 우리는 자신의 근본을 벗어났다는 이유로 업신여김을 당한다. 근본을 지키며 성장할 때에야 비로소 우리는 존경을 얻을 수 있다.

한 투아레그족 여인은 사막의 야영지를 떠나 사는 동안 신장이 좋지 않아서 늘 미네랄워터를 마셔 왔다. 하지만 그녀는 야영지로 돌아온 다음에는 가족의 일원으로 받아들여지고자 건강의 위험을 무릅쓰면서까지 사막의 우물물을 마시려 했다. 그러자 야영지의 원로들이 이해심을 발휘하여 그녀에게 다른 물을 마셔도 된다고 허락해 준 적이 있다.

학교는 투아레그족의 전통 보존이라는 측면에서 보면 일종의 위협이다. 우리 문화의 바탕은 유목생활이다. 그렇지만 학교는 정착민 문화와 연결되어 있다. 학교는 유목 이외의 다른 직업을 얻어 도시나 외국으로 나가는 통로가 된다. 바로 이런 이유로 부모는 자녀를 학교에 보내기를 망설인다. 자녀를 학교에 보내는 부모들은 어떤 의미에서는 자신들의 삶의 양식이 위기에 처했다는 사실을 인정하고 받아들인 것이라고 할 수 있다. 그렇지만 자식이 사막 바깥에서 직업을 얻는다고 해서 문제가 되지는 않는다. 그는 여전히 가족의 일원으로 남아 계속해서 가족에게 경제적 도움을 줄 테니까 말이다. 진짜 문제는 인접 국가들로 떠난 청년들이 사막의 가족에게 아무런 도움도 주지 않을 때이다.

우리 청년 세대는 문화와 생활양식을 보존하기 위해 자신의 모든 것을 계속해서 쏟아붓고 있다. 교육을 받은 청년이 반드시 사막으로 돌아와 가족과 함께 살아야 하는 것은 아니다. 중요한 점은 위협받고 있는 우리의 삶의 환경을 유지하고 발전시키는 데 그가 어떤 방식으로든 기여하는 것이다. 우리 형제는 돈을 벌면 아버지에게 염소를 사 드릴 생각부터 한다. 이런 생각이 우리 속에 습관처럼 자리 잡았다.

우리 형제가 깊이 간직한 진실은 야영 천막이 자리 잡은 이 사막 한 귀퉁이에 있다. 우리가 어떤 삶을 살아갈지라도 그 진실은 영원할 것이다.

다가올 시간을 준비하다

우리는 유목에 기반을 둔 투아레그족의 생활양식이 더 이상 지속될 수 없다는 걸 의식하고 있다. 새로운 삶의 양식을 구축할 해법을 우리는 아직 찾지 못했다. 그렇지만 우리는 앞으로 나아갈 것이고, 그러다 보면 몇 가지 길이 보일 거라고 생각한다.

교육은 다가올 시간을 위해 필요하다. 사실 우리 형제는 사회로 진출한 덕분에 다른 지역의 투아레그족 지식인들과 만나 그들과 함께 해법을 궁리할 수 있게 되었다. 어떻게 해야 유목생활을 하지 않고도 문화를 보존해 나갈 수 있을까?

진보와 근대화의 물결이 세계를 휩쓸고 산업기술이 발달하고 도시화가 확산되었지만, 그 어느 시대에도 우리는 고유의 언어, 의복, 차 끓이는 법, 도구 제작법을 잃지 않았다. 마찬가지로 아무리 시간이 흘러도 이런 것들을 계속해서 이어 나갈 수 있다. 사막에서 멀리 떨어져 지내는 투아레그족도 늘어나고, 또 세계의 어느 사회나 점차 동일한 모습으로 변하고는 있지만 말이다.

또 다른 형태의 유목생활, 예를 들면 자동차 유목생활이 자리 잡는 것도 가능하다. 많은 아이들이 도시에 일자리를 얻어 돈을 벌고, 그 돈으로 자동차를 구입하여 사막의 야영지로 돌아올 꿈을 꾼다. 이것은 우리 유목문화의 현대적 버전으로, 당나귀와 낙타를 사륜구동 자동차로 바꾼 것이다. 자동차는 친환경적이지는 않지만 대신 아주 실용적이다. 사실 자동차가 있으면 우리는 우물 근처에만 모여 살지 않아도 되고, 식량과 물이 떨어질까 봐 걱정하지 않아도 될 것이다. 이것은 우리가 누려 온 자유로운 삶의 또 다른 형태가 될 것이다. 나날이 사막화되어 가는 이 인색한 땅에 전적으로 의존하지 않아도 된다는 의미이니까 말이다.

메마른 땅에서 표류하지 않기 위해

아이들은 학교에 가야 한다. 우리의 문화를 이어 갈 사람이 바로 아이들이기 때문이다. 글자를 모른다는 건 오늘날 생각도 할 수 없는 일이 되었다. 교육을 받으면, 어른이 된 후 반﹢유목민의 삶을 살아갈 수 있다. 예를 들어 정착민들의 직업을 가지거나 관광 안내원, 상인, 운전사가 될 수도 있고, 정치가가 되어 활동하면서 사막 야영지를 오갈 수도 있다. 일 년의 한두 달간은 목초지를 찾아 염소와 양을 이끌고 떠날 수도 있다. 나머지 기간에는 사람을 고용해서 가축을 돌보고 자신은 정기적으로 찾아와 관리하면 될 것이다. 이제 남은 문제는 성인들을 재교육해서 현대사회에 적응할 수 있는 직업을 가질 수 있도록 하는 일이다.

우리 투아레그족이 잘할 수 있는 유일한 일은 목축이다. 이 일을 정착생활에 적응시키려는 노력도 가능하다. 그럴 수 있다면 우리는 유목민 생활을 포기한다 하더라도 우리 문화를 보존하며 존속할 수 있을 것이고, 또한 우리의 언어, 문자, 종교, 가치관을 지키면서도 다른 사회의 언어, 문자, 종교, 가치관을 존중하고, 그들의 문화로부터 함께 발전하기 위한 최선의 방법을 길어 낼 수도 있을 것이다.

이렇게 해서 우리는 투아레그족이 마을을 이루어 살 수 있는 조건을 만들어 나갈 것이다. 사막에 투아레그족의 정착민 마을을 세우는 것이다. 어쩔 수 없이 아무 데든 정착하지 않으면 안 될 상황을 피하기 위해서는, 먼저 투아레그족 자신이 투아레그족 사이에 정착해야 한다. 그래야 우리 문화의 기반을 보존할 수 있다. 사막에서 물을 구하지 못해 죽음에 이르게 되는 사태도 막을 수 있다. 사실 사하라 사막은 지구상의 가장 큰 저수조이다. 사막 지하수층에는 엄청난 양의 물이 보존되어 있다. 지하수층은 대략 80미터 깊이에 있는데, 거기까지 도달할 수 있다면 아무리 써도 고갈되지 않는 물을 만날 수 있다. 가장 메마른 땅이 사실은 마르지 않는 우물인 것이다! 이제 목초지를 더 이상 찾을 수 없는 상황이 되면 우리는 이런 정착촌을 건설해야 할 것이다. 그곳에 축사를 지어 가축을 기르고, 식량을 구입해야 한다. 우리가 세운 정착촌들은 굳건하게 자리 잡을 수 있을 것이다. 투아레그족 공동체는 신성하니까. 우리의 공동체가 사라지게 놓아두는 것은 우리 영혼의 일부를 잃어버리는 일이다. 사막에 있을 때 우리는 가치 있는 존재이지만, 사막을 벗어나면 우리가 수행하는 역할로만 인정받을 뿐이다. 우리를 가치 있는 존재로 만들어 주는 것에 힘을 쏟아부어 더욱 풍요롭게 만드는 편이 더 낫다.

이런 정착촌이 이미 세워진 곳이 있다. 타보예에서 200킬로미터 거리에 있는 에르자네이다. 이 마을은 학교교육을 받은 투아레그족들이 다시 돌아와 개척한 곳이다. 그들은 유목민 야영지를 정착생활 양식에 맞추어 재건설하려 했다. 이곳을 처음 개척한 사람은 바마코에 몇 채의 가옥을 소유한 재산가로, 마을을 세우는 데 많은 재산을 기부하였다. 그는 의식이 깨어 있는 사람이다. 에르자네에는 학교, 보건소, 가축질병 예방센터가 세워졌고, 라디오와 위성 텔레비전, 우물물을 끌어 올리기 위한 태양열 발전기와 태양열 펌프가 있다. 사막 한가운데 있으면서도 이곳 사람들은 여전히 자유롭다. 그들은 공통의 관습과 규범, 전통을 토대로 자신들의 사회를 건설한 것이다. 150명가량의 투아레그족이 이 마을에서 살아간다. 그리고 해마다 새로운 가옥들이 세워지고 있다.

세계를 향해 자신을 열어 놓다

우리는 전통을 지킴으로써 점차 근대화를 향해 나아갈 수 있다. 전통은 근대화의 초석이 되어야 한다. 우리의 전통 속에서 우리가 가야 할 방향을 찾을 수 있는 것이다. 찾아오는 외부인들을 환대하는 일은 세계를 향해 우리를 열어 놓는 방법이 될 수 있다. 아버지가 파리-다카르 랠리를 취재하러 온 여기자를 우리 천막에 맞아들인 것도 이런 이유에서였고, 그 일을 계기로 우리는 〈어린 왕자〉와 만날 수 있었다. 손님을 환대하는 우리의 전통은 우리로 하여금 성장하게 하고 우리를 둘러싼 세계를 인식하게 한다.

사막에서 가축을 치는 투아레그족들 중에도 휴대전화와 라디오를 갖춘 사람이 점점 많아지고 있다. 그들은 도시로 갈 때마다 휴대전화를 충전하곤 한다. 사막을 가로질러 가는 자동차를 세워 운전자에게 차 한잔 대접하면서 전화기를 충전하는 경우도 종종 있다.

유목민들인 우리에게는 달라진 상황에 적응하는 천부적인 능력이 있다. 근대화에 참여하기 위해 우리는 이러한 능력을 의식하고 활용해야 한다.

정착민이 보는 유목민

서구세계는 단봉낙타를 타고 이동하던 시대에 향수를 느낀다. 서구세계로서는 투아레그족이 지금까지 지녀 온 모습을 앞으로도 변함없이 유지하기를 바랄 것이다. 푸른 옷을 입은 사람들, 자유인, 낙타 위에 올라 구릉진 사구에 버티고 선 사막의 목동, 얼굴을 가린 두건 사이로 찌를 듯이 내보이는 깊은 눈길…….

이러한 우리의 이미지는 서구인이 품은 꿈의 상징이 되어 상품

광고와 관광산업에 이용되고 있다. 예를 들면 파리-다카르 랠리나 폭스바겐 자동차의 광고 같은 것이다. 우리는 변화하려고 애쓰고 있는데, 서구인들은 우리가 바꾸어야 할, 그리고 얼마 후에는 잃어버리고 말 어떤 삶의 방식과 끊임없이 우리를 결부시키곤 한다. 관광업자들은 '진짜 유목민들'을 찾아내려고 안간힘을 쓰고 있다. 여행 안내서들은 사람들의 꿈을 자극하기 위해서 모래 위에 앉아 차를 따르는 우리의 모습을 동원한다. 만약 여행 안내서 속의 유목민이 버너를 써서 차를 끓인다면 서구인들은 그것을 일종의 타락으로 받아들일 것이다! 서구인들은 근대화가 어느 구석엔가 파묻어 버린 문명들을 다시 찾고자 하지만, 우리로서는 근대화야말로 우리가 계속해서 살아남을 수 있는 길이다. 도시에 사는 사람들은 어딘가에서 사람들이 자유롭게, 자연 속에서 바람과 태양에 순응하며 살아가고 있다는 걸 확인하고 싶어 한다. 그린 사람들에게 안심히라고 말하고 싶다. 교육을 받는다고 해서 우리가 영혼을 잃어버리는 것은 아니라고 말이다. 우리는 우리의 영혼을 빚어낼 것이기 때문이다.

삶이란 그림책 색칠놀이 같은 것이다. 여러 가지 색깔이 한데 어우러질 때야 흥미롭고 즐거운 것이 된다.

삶에는 모든 것이 있다

우리는 그 누구도 가능하리라고 생각하지 않았던 학교를 세우는 데 성공했다. 올바르고 아름다운 목표를 위해 전심전력할 때 뜻은 반드시 이루어지는 법이다. 이제 우리의 운명은 자신을 위해서가 아닌 하나의 고귀한 대의를 위해 일하는 것이다. 우리에게는 완수해야 할 책임이 있고, 그럴 힘이 있다. 그 힘을 잘 활용해야만 한다. 사막학교에서 우리 형제는 긴 칼을 휴대하고 지낸다. 그 무기를 다룰 줄 아는 사람은 우리가 유일하다. 본의 아니게 우리는 정치 세계에 관여하게 되었다. 우리에게는 지켜야 할 대의가 있기 때문이다. 이처럼 우리는 우리의 존재 이유와 일치하는 삶을 살아가고 있다.
 그러나 우리의 투쟁은 아직 끝나지 않았다. 이루어 놓은 성과를 계속 유지해 나가야 한다. 사막 도서관은 이미 1천7백여 권의 장서를 보유하고 있다. 이 도서관이 활기 있게 운영되고 계속해서 발전하도록 애써야 한다. 학교에 태양열발전 시설을 갖추고, 나무를 심고, 태양열 펌프를 들여오고, 밭을 일구어 우리 스스로 채소를 재배하는 것도 해야 할 과제이다. 또한 우리는 의료망을 갖추고, 사막을 오갈 수 있는 사륜구동차를 마련하고 싶다. 사랑의 카라반이 지원해 준 덕분에 이제 미니버스들이 새로운 모험에 나서기 위해 대기하고 있다. 특히 우리의 사명은 또 다른 사막학교들을 세우는 일이다. 투아레그족의 문화를 살리고 발전시켜 나가기 위한 우리의 정착촌들에 학교를 세우는 것도 한 방법일 것이다.

생텍쥐페리 사막학교는 우리에게 인내, 지식의 풍요로움, 시민 정신을 가르쳐 주었고, 다른 문화에 적응하고자 하는 욕구를 심어 주었다. 또한 우리는 앎을 전수해 주는 사람들을 사랑하고 존경하며 숭배하는 태도를 배우게 되었다. 학교 덕분에 우리는 무슨 내기를 치르든, 다른 사람들이 어떤 눈으로 우리를 바라보든 개의치 않고 우리의 길을 계속해서 나아갈 방법을 찾아낼 수 있었다. 이제까지의 도정에서는 겪지 못했던 타인들의 경쟁심과 질투도 고려해야 할 새로운 요소로 대두했다. 그렇지만 그 무엇도 우리를 멈추게 하지 못했다. 무엇보다 우리는 중요한 것을 배웠다. 자기 자신이 아닌 다른 것에 헌신하는 삶 말이다. 옳은 일을 하면 보상이 따른다는 것을 우리는 그 어느 때보다도 굳게 믿고 있다.

이브라힘 : 학교는 나를 다시 태어나게 했고, 하루하루 조금씩 더 성장하게 했다. 학교 덕분에 나의 존재는 큰 의미를 부여받았다. 또한 나 자신이 학교를 선택함으로써 교사라는 직업이 중요하다는 인식을 심어 줄 수 있었다. 사실 타보예에는 다른 직업을 가질 수 있는 경우 굳이 교사가 되려고 하는 사람은 없다. 그런데 마을에서 가장 높은 학력을 지닌 내가 학교에서 아이들을 가르치는 길을 선택한 것이다. 나는 이 선택을 통해 교사라는 직업이 얼마나 고귀한지를 보여 주었다. 그러나 그 누구도 이러한 나의 선택이 값진 투자라는 사실을 이해하지 못했다. 나는 인기 있는 전문 기술을 가진 사람이었고 많은 보수를 받을 수 있었는데도 그 모든 것을 버린 것이다! 그때서야 사람들은 내가 얼마나 강한 신념을 지녔는지 알아차렸다. 젊은 나이에 그 모든 것을 거부했다는 사실이 나에게 일종의 지위를 부여해 주었다. 개인적 이익보다 한 차원 더 높은 것을 위해 자신의 삶을 희생했다는 점이 별안간 사람들의 존경심을 불러일으킨 것이다. 스스로 떠맡은 이 사명을 성공적으로 수행해 내자 사람들은 나를 깊이 신뢰하게 되었다. 이제 나는 불가능이란 없다는 걸 안다. 나 자신에 대한 의심도 지웠다. 나는 사람이 감당할 수 있는 가장 막중한 책임을 등에 지고 있다. 수많은 아이들의 인생이라는 막중한 책임 말이다.

우리의 학교가 국가의 승인을 받은 일은 우리로서는 큰 승리이다. 감히 기대조차 못 했는데 마침내 인정을 받은 것이다. 그런데 우리의 학교는 투아레그족에게만 열려 있는 것은 아니다. 처음 출발할 때 우리는 우리 공동체의 아이들이 송가이족 아이들과 한데 어울려 공부하게 되기를 바랐었다. 하지만 그 목표를 위한 시도는 전부 실패로 돌아갔다. 우리는 단지 프랑스어로 가르치려 할 뿐이고 따라서 누구라도 학교에 입학할 수 있다. 삶이란 그림책 색칠놀이 같은 것이다. 여러 가지 색깔이 한데 어우러질 때야 흥미롭고 즐거운 것이 된다.

우리 학교가 이제 공립학교가 되기는 했지만 기숙사는 여전히 개인적 자유가 보장되는 공간으로 남을 것이다. 투아레그족도 한 나라의 국민이라는 틀 안에서 융화되어야 하지만, 학생들이 기숙사를 통해 엮어 갈 학교생활은 어디까지나 자유로울 것이다.

이제 나는 두 아이의 아버지이고(나나는 세 살이고, 캄마디는 한 살이다), 한 학교를 맡아 그 학교의 아버지이자 교장으로서 보다 큰 가족을 이루어 나갈 꿈을 꾸고 있다. 그리고 무엇보다 나는 무사 형에게 자녀들이 생기기를 참을성 있게 기다리는 중이다. 그래서 사촌 형제들이 힘을 합해 큰일들을 해내기를 바란다. 아이들이 우리의 뒤를 이어 우리가 미처 못 다한 일을 이루어 줄 것이다.

우리는 학교로 온 아이들에게 우리가 약속한 삶을 열어 줄 책임이 있다. 우리가 삶을 헌신하는 것은 바로 이런 이유에서이다.

우리는 아이들을 공화국의 시민으로 만들어 주고 싶다. 아이들의 부모는 시민으로 살아오지 않았다. 부모들의 삶은 국가가 필요 없는 것이었다. 그러나 투아레그족의 문화는 새롭게 발전해야 한다. 그 발전의 대가로 우리 삶의 기본 원칙을 바꾸어야 하는 한이 있더라도 그렇다. 삶의 방식이 바뀐다 하더라도 심성은 바뀌지 않을 것이다.

내 생각에 우리의 문화를 위기에서 구해 낼 유일한 방법은 학교들을 세우는 것이다. 나는 청년들이 고유 문화를 이어받기를 꺼릴까 봐 걱정스럽다. 한 가지 우리 문화에 위협이 되는 일은 많은 청년들이 일자리를 찾아 마그레브 지역(알제리, 모로코, 튀니지가 포함된 북아프리카 지역 - 옮긴이)으로 떠나고 있다는 사실이다. 마그레브로 떠난 청년들은 돌아오지 않는 경우가 많다. 그들은 마그레브인들에게 고용되어 보수를 받는데 머무는 기간이 길수록 몸과 마음이 소진되고 정체성을 잃어버린다. 돌아올 경우라도 다른 문화가 몸에 배어서 가난한 자기 고장에 대해 불평을 늘어놓곤 한다. 유일한 해결법은 우리의 땅에 학교들을 세워서 이곳에서 부를 일굴 방법을 찾아내는 것이다. 투아레그족 문화가 소실되지 않도록 우리의 땅에서 보존해 나가야 한다. 오직 학교만이 우리로 하여금 변화의 속도를 조절할 수 있도록 해 준다. 우리의 경험은 말리 전역에 하나의 본보기를 제시하고 있다. 이 나라에서 현재 기숙사를 갖춘 투아레그족 학교는 우리 학교밖에 없다. 그렇지만 앞으로는 점점 늘어날 것이다.

  나의 꿈은 아이들이 계속해서 학교를 지켜 나가는 것이다. 내가 해 온 투쟁이 나의 세대에서 멈추지 않고 아이들을 통해 계속 이어지기를, 그 투쟁이 아이들에게도 도약대가 되기를 바란다. 우리의 이야기는 여전히 쓰이는 중이다. 사막학교는 내가 없으면 제대로 돌아가지 않는다. 이 학교가 나 없이도 굳건히 유지될 수 있을 때 나는 좀 편히 쉴 수 있을 것이다. 지금으로서는 내가 조금이라도 게으름을 부리면 학교의 앞날이 위태로워질지도 모른다. 학교를 떠받칠 사람은 나밖에 없다. 공립학교가 되었으니 학교 자체는 내가 없어도 존속될 테지만, 기숙사는 국가의 지원을 받지 못하므로 내가 돌보아야만 한다. 이 학교는 내게 자식과도 같다. 그 아이가 이제 막 걸음마를 떼어 놓고 말을 배우기 시작한 것이다. 만약 내가 죽으면 학교는 고아가 되고 만다.

  부사 : 나는 사막학교의 아이들이 학교를 졸업하게 될 때 그들이 갈 길을 내가 동행해 주지 못할 걸 생각하면 때때로 두렵다. 학교를 떠나면 아이들은 자신의 힘으로 삶을 헤쳐 나가야만 할 것이다. 우리 형제는 그 아이들에 대해 책임감을 느낀다. 우리도 그런 역경, 투아레그 공동체를 떠나 낯선 환경에 몸담아야 하는 시련을 경험했었지만, 그것은 우리가 원해서 한 일이었다. 그런데 사막학교 아이들의 경우는 우리가 등을 떼밀어 야영지를 떠나게

한 것이다. 만약 그들이 불우한 삶을 살게 된다면, 우리 책임이라는 느낌을 떨쳐 버릴 수 없을 것이다.

학교는 우리 투아레그족 공동체의 미래다. 그러나 나는 아이들이 학교를 졸업한 다음 자신들의 야영지에 등을 돌릴까 봐 두렵다. 그들이 점차 투아레그족 문화를 뒤편으로 밀어낼까 봐 걱정이다.

나는 내가 태어나 자란 문화를 결코 외면한 적이 없다. 하지만 성인이 된 나는 이제 프랑스에서 삶을 일구어 가고 있다. 이렇게 멀리 떨어져 지내다 보니 사막에 사는 사람의 규범, 사막인이라면 모를 리 없고 몰라서도 안 되는 지식들을 자꾸만 잊게 된다. 야영지에 돌아가 그동안 내가 나의 것을 얼마나 까맣게 잊고 지냈는지를 깨달을 때마다 목이 메어 온다. 그러면서 다짐하곤 한다. 반드시 이곳에 다시 돌아와 나도 모르게 내 속에서 지워졌던 것들을 나의 아이들에게 전해 주겠다고 말이다. 실제로 나는 이제 사막 식물들의 이름을 모른다. 사막에서 방향을 찾아내지도 못할 것이다. 나는 단어를 하나둘씩 잊어가고, 타마셰크어 노래도 부르지 못한다. 때때로 내가 어떤 잡종이 되고 만 것 같은 괴로운 느낌에 사로잡히기도 한다. 사막과 프랑스, 이 두 개의 문화는 나를 성장하게 해 주지만, 앞날을 구상하고 나의 가족을 생각할 때면 가끔씩 서로 충돌한다.

나는 내 공동체, 내 나라를 발전시키고 싶은 소망으로 모든 힘을 나의 계획을 실현시키는 데 쏟아부은 터라 내 삶의 다른 부분을 챙길 겨를이 없다. 나도 결혼해서 가정을 꾸려야 한다는 건 알지만 나의 마음은 온통 이 의무, 투아레그족 공동체를 존속시키고 발전시키고 싶은 소망에 사로잡혀 있다.

만약 결혼한다면…… 투아레그족 여성과 결혼해야 할까? 서구 여성과 결혼해도 될까? 교육을 받고 덕분에 우리 형제 즉 이브라힘과 내가 벌이고 있는 이 투쟁에 관심을 가져줄 투아레그족 여성이 나의 결혼 상대로 가장 이상적일 것이다. 그런데 이제 내가 투아레그족 여성에게 적응할 수 있을까? 투아레그족 공동체가 서구 여성을 받아들여 줄 것인가? 만약 내가 서구 여성과 결혼하게 되면 나는 내 동향인들에게서 조금 빗겨 난 삶을 살게 될 것이다. 완전한 말리인이라고 말할 수 없게 되는 것이다. 나의 이 두 세계를 잇는 다리가 되어 줄 여성을 어떻게 하면 찾을 수 있을까?(이 글을 쓰고 얼마 지나지 않아 무사는 아름다운 투아레그족 아가씨와 결혼식을 올렸다 – 옮긴이)

내가 프랑스에서 꾸려 가고 있는 삶은 나로 하여금 계속해서 꿈을 품도록 해 준다. 사막의 내 고향, 그리고 말리인들을 새로운 사고방식에 눈뜨게 하려는 꿈 말이다. 나는 투아레그족 문화의 보존을 위하여, 그리고 그 문화가 시대와 대립하지 않고 조화를 이루어 발전하도록 하기 위하여 내가 할 수 있는 모든 일을 하고 싶다.

내가 꿈꾸는 미래는 내가 나온 뿌리로 되돌아가는 것이다. 예전에는 사막을 떠나 여러 곳을 여행할 생각만 하고 있었는데 지금은 다시 사막으로 돌아가고 싶다. 날이 갈수록 내가 뿌리를 잃어버리고 있다는 느낌이 든다. 나 자신이 분산되어 중요한 것을 놓치고 있다는 느낌 말이다. 우리가 말리에 이룩해 놓은 모든 것이 계속해서 굳건히 자리 잡지 못한다면 아무 소용없는 일이 될 것이다. 사막으로 되돌아갈 때는 특히 무엇인가를 가지고 되돌아가야 한다. 구체적인 계획, 자격, 실천 수단을 가져가야 하는 것이다. 내가 지닌 것, 내가 쌓아 온 경험들이 나의 나라에 보탬이 되도록 해야 한다. 이브라힘과 나는 큰 계획을 하나 품고 있다. 친선을 위한 관광 프로그램을 만들고, 관광업과 공정한 상거래를 통해 얻은 재원으로 유목민 사회의 보건과 교육을 지원하고, 낮은 이자로 소액을 대출해 주는 소규모 은행을 설립하여 운영하는 방법을 모색하는 것이다. 이 모든 시도는 우리가 사막에서 계속해서 살아 나가기 위한 노력이다.

넬슨 만델라와 간디를 존경하는 내가 늘 꿈꾸어 온 것은 세상을 보다 나은 것으로 만드는 일이었다. 세월이 흐를수록 내가 보다 나은 것으로 만들어야 할 그 세상이 내게 뚜렷한 모습으로 다가오고 있다. 그것은 바로 내가 태어난 투아레그족 공동체, 나의 작은 사막학교이다. 내가 투아레그족의 삶을 바꾸어 놓을 수 있다면 그것만으로도 경이로운 일이다. 손에 든 벽돌 한 장을 어딘가에 쌓기 위해 지구를 돌아다닐 필요는 없다.

나는 결혼해서 아이를 갖지는 못했지만 그럼에도 두 아이가 있다는 생각을 한다. 사막학교와 나의 첫 번째 책 〈사막별 여행자〉 말이다. 내가 죽는다 해도 나의 일부를 세상에 계속 남겨 놓을 수 있는 것이다.

우리 모두에게는 지상의 삶에서 부여받은 어떤 임무가 있다. 나의 임무는 공동체에 구체적인 계획들을 가져감으로써 희망을 빚어내는 일이다. 나의 나라 말리에 대해서는 성장하는 내내 거리를 두어 온 덕분에 오히려 한층 친근하게 느낀다. 그동안 멀리 떨어져 지낸 것이 말리를 한층 더 잘 바라보게 해 주고 그곳으로 기꺼이 되돌아갈 마음을 심어 준 것이다. 나는 프랑스에서 배운 모든 것을 이제부터 나의 뿌리와 나의 나라 말리를 위해 쓰고 싶다. 프랑스는 나에게 날개를 달아 주었고, 나는 그 날개로 내가 태어난 뿌리로 돌아가 그곳을 더 풍요롭게 가꾸어 나갈 것이다.

길 위에서 얼마나 오랜 시간을 보내느냐는 중요하지 않다. 중요한 것은
길을 제대로 찾아 어떤 의미를 발견해 내는 일이다.

별과 지평선이 전하는 이야기

여러 세대를 통해 이어져 온 일이지만, 투아레그족 아이들은 밤마다 화롯가에 앉아 부모가 들려주는 이야기를 들으며 성장해 왔다. 이야기는 우리에게 우리의 문화와 기본적 가치들, 예를 들어 사랑, 용기, 충실함을 가르치는 학교가 되어 준다. 덕분에 우리는 글 읽는 법을 깨치기에 앞서 상대의 말에 귀를 기울이며 상상의 나래를 펴곤 한다. 투아레그족에게 전래되는 이야기들은 우리의 열린 역사책이다. 여기 그 이야기들 가운데 몇 편을 소개한다.

레일라

레일라 공주는 길에서 우연히 마주친 사람들마저 넋이 나갈 만큼 아름다운 아가씨였다. 공주의 나이가 스무 살가량일 때, 주위의 여자 친구들은 모두 결혼했지만 공주는 아직 남편감을 찾지 못하고 있었다. 그녀는 이제 자신도 사랑을 해야 할 때가 되었다고 느꼈다. 그래서 어느 날 현자 아푼구나네를 찾아가서 조언을 구하기로 마음먹었다. 아푼구나네는 오아시스 옆 모래언덕 기슭에 살고 있었다. 그는 명상을 하고 차를 끓이며 하루를 보냈는데, 그를 찾아오는 사람들이 먹을 것을 가져다주곤 했다.

그날 레일라는 양가죽 부대에 염소젖을 담아서 가져갔다. 그녀는 아침나절을 꼬박 걸었다. 해가 하늘 한가운데 이르렀을 즈음 공주는 현자의 집에 도착했다. 현자는 찻잔에 차를 따르다가 레일라가 와 있음을 알아차렸다. 눈을 들어 그녀를 바라본 현자는 그만 그녀의 아름다움에 사로잡혀서 차를 모랫바닥에 흘리고 말았다. 공주는 자신이 가져온 염소젖을 그의 찻잔에 따라 주었다. 그러고는 찾아온 사연을 이야기했다. 한참 동안 조용히 생각에 잠겨 있던 현자가 그녀에게 말했다.

"동시에 여러 남자를 사랑하는데 그중에서 한 사람을 선택해야만 하는 것이 너의 문제로구나. 좋은 수가 있단다. 네가 사랑하는 남자들에게 시험을 치르게 해서, 그 가운데 세 명을 고르는 거야. 그래서 그 세 사람에게 일 년 후 세상에서 가장 값진 선물을 네게 갖다 달라고 요구하렴."

레일라는 집으로 돌아왔다. 저녁에 그녀는 연인들의 축제에 참석했다. 처녀들은 장단 맞춰 손뼉을 치며 노래를 불렀고, 총각들은 전투의 시범을 보이고 용사의 고함을 지르면서 춤을 추었다.

이윽고 축제의 춤과 노래가 끝나 조용해지자 남자들이 모닥불을 피우고는 시를 읊었다. 그들이 읊는 시 가운데 많은 것이 레일라 공주에게 바치는 것이었다. 축제가 끝나고 공주는 세 명의 남자와 만날 약속을 했다. 알리, 리사, 우마르였다. 그날 밤 이 세 사람은 차례차례 공주의 천막으로 왔다. 가장 먼저 도착한 사람은 천막 안으로 들어오기 전에 신발을 밖에 벗어 놓음으로써 다음 사람이 바깥에서 기다리도록 했다. 그녀는 세 사람과 각각 오랫동안 이야기를 나누었다. 그러고는 세 사람 모두에게 다음 날 아침 해 뜨기 전 야영지 근처 모래언덕 기슭에서 만나자고 했다. 약속 장소로 나간 그녀는 세 남자에게 세상에서 가장 값진 선물을 자신에게 가져다 달라고 말하고, 그 시합에서 이긴 사람과 결혼하겠다고 약속했다. 그녀가 집으로 돌아간 뒤, 세 남자는 약속한 일 년이 되기 하루 전날 이 모래언덕으로 돌아와서 각자가 가져온 선물을 비교해 보기로 맹세했다.

약속한 일 년이 되기 하루 전날, 세 사람의 구혼자는 모래언덕에 다시 모였다. 알리는 죽은 사람을 되살아나게 하는 약을 가져왔다. 리사는 바람처럼 빨리 달리는 암말을 구해 왔다. 우마르가 가져온 선물은 그 순간 온 세상에서 일어나고 있는 모든 일을 들여다볼 수 있는 거울이었다. 우마르가 두 사람에게 지금 거울을 통해 보고 싶은 것이 무엇이냐고 물었다. 두 사람 모두 레일라를 보고 싶어 했다.

그들은 레일라가 죽어서 자신의 천막 안에 누워 있는 모습을 보고 절망했다. 여인네들과 아이들이 그녀를 둘러싸고 슬프게 울고 있었고, 남자들은 그녀가 묻힐 무덤을 파기 위해 밖으로 나서는 중이었다. 세 남자는 암말에 올라타 눈 깜짝할 사이에 레일라가 누워 있는 곁으로 왔다.

알리가 구해 온 불사의 명약 덕분에 공주는 다시 생명을 찾았다. 공주는 모두가 지켜보는 앞에서 몸을 일으켜 발을 몇 걸음 떼어 놓았다. 그녀는 야영지의 달이어서 모두를 내리덮고 있는 캄캄한 밤을 환히 비추어 주었다. 공주의 머리카락은 길고 검었고 눈은 짙은 푸른빛이었다. 그녀는 세 사람의 구혼자를 바라보며 자신에게 물었다.

"누구를 선택해야 하지?"

셋 가운데 한 사람을 고르기란 불가능했다. 그렇다고 셋 모두와 결혼할 수는 없는 노릇이었다.

공주는 다시 현자를 찾아갔다. 이번에 그녀가 현자에게 가져간 것은 염소젖과 대추야자였다. 공주는 어떤 일이 있었는지를 그에게 이야기했다. 현자는 한참 동안 생각에 잠겨 있다가 또 한 번 방법을 일러 주었다.

"그 세 사람과 차례차례로 만날 약속을 하렴. 그래서 그들에게 너를 인 타마트 오아시스로 데려다 달라고 하는 거야. 그 위험하고 거친 장소에 가면 그들은 자신이 얼마만큼 용기가 있는지 드러내게 될 테니까."

 공주는 야영지로 돌아와서 연인들의 축제에 참석했고, 모닥불 가에서 그들이 읊는 시를 들었다. 축제가 끝난 뒤 공주는 그들에게 또 한 번 자신의 천막에 차례로 와 달라고 말했다. 공주는 세 남자 각각에게 다음 날 해 뜨기 전 장밋빛 모래언덕에서 만날 약속을 했다.

 다음 날 새벽, 공주는 세 사람의 구혼자에게 자신을 인 타마트 오아시스로 데려다 달라고 말했다. 그 오아시스는 나무가 빽빽이 우거지고 위험한 짐승들이 우글거리는 곳이었다. 그곳에 갔다가 무사히 돌아온 사람이 없었기 때문에 아무도 그곳에 가려 하지 않았다. 그런데 공주가 가야 될 곳이 그 오아시스인 것이다! 세 남자는 공주를 위해서라면 무슨 일이든 할 준비가 되어 있었다.

 일행은 함께 출발하여 아침나절 내내 걸었다. 정오쯤에 그들은 그 위험한 오아시스에 도달했다. 레일라는 한 바오밥나무 발치에 앉아 말했다.

 "나는 지쳤어요. 배가 고프고 목이 말라요."

 그녀는 세 가지 임무를 주고 세 남자에게 각각 고르도록 했다. 알리는 공주가 쉴 수 있도록 곁에서 그녀를 지키는 임무를 선택했다. 리사는 물을 찾고, 불을 피울 나뭇가지도 구해 오기로 했다. 우마르는 사냥감을 찾아 나섰다.

 얼마 후 알리는 공주 곁에 누웠다. 그는 그녀에게 이야기를 들려주었고, 그녀는 바오밥나무 둥치에 등을 기댄 채 그의 이야기를 들었다. 별안간 공주의 눈앞에 사자 한 마리가 나타났다. 사자는 당장에라도 공주를 향해 덤벼들 태세였다. 그녀는 비명을 지르기 시작했다. 알리가 소스라쳐 몸을 일으켜 세웠다. 그는 사자를 막아서서 머리를 향해 주먹을 날렸다. 그의 주먹이 얼마나 강했던지 사자의 머리가 몸통 속으로 쑥 들어박히고 말았다.

 사자가 죽자 레일라는 알리에게 안전을 위해 바오밥나무 위로 올라가자고 제안했다. 얼마 후 리사가 물과 땔감을 구해 돌아왔다. 바오밥나무 아래 공주의 모습이 보이지 않자 리사는 걱정이 됐다. 그는 땔감을 땅바닥에 내려놓고 물이 담긴 호리병은 나뭇가지에 걸었다. 죽어서 바닥에 길게 누운 사자를 본 리사는 혹시 이 사자가 공주를 잡아먹은 게 아닐까 추측했다. 그랬다면 알리가 공주의 복수를 하기 위해 사자를 죽였을 것이고, 또 다른 사자들이 달려들어 알리도 잡아먹었을 거라는 생각이 들었다. 그는 왼손으로 사자의 몸통을 잡아 위로 들어 올려 몸통 속에서 머리를 꺼낸 다음, 사자의 아가리를 열어 공주가 들어 있는지 확인하려고 배 속을 들여다보았다. 아무것도 보이지 않자 그는 사자의 턱뼈를 뽑아 한 짝은 왼쪽에 또 다른 짝은 오른쪽에 던졌다. 공주가 바오밥나무 위에서 그를 지켜보고 있다가 박수를 쳤다. 그러고는 올라와 자신들과 함께 있자고 말했다.

 잠시 뒤에 우마르가 사냥한 고기를 가지고 돌아왔다. 공주가 보이지 않자 그는 걱정에 사로잡혔다. 그는 야영지로 돌아가 공주의 가족에게 그녀가 사라졌다는 사실을 알리기로 결심했다. 자신이 정말로 인 타마트 오아시스에 갔었다는 걸 아무도 믿지 않을 거라는 생각이 든 그는 증거로 삼기 위해 바오밥나무를 뿌리 채 뽑아서 어깨에 걸머졌다. 그가 몇 걸음 옮겨 놓았을 때 중심을 잃고 나뭇가지에 매달려 있던 공주가 그를 향해 소리쳤다.

"대단해요, 우마르."

공주의 목소리를 들은 우마르는 바오밥나무를 원래 있던 자리에 다시 꽂아 놓았다. 일행은 사냥해 온 고기를 꼬챙이에 꽂아 구워 먹고 차를 석 잔씩 마셨다. 첫 잔은 삶처럼 강렬한 맛이었고, 두 번째 잔은 사랑처럼 부드러웠고, 세 번째 잔은 죽음처럼 씁쓸했다. 세 번째 잔을 끝까지 비운 후 일행은 야영지로 돌아왔다. 도착해 보니 해가 지기 직전이었다. 그 시각이면 태양은 마침내 맹렬한 열기를 누그러뜨리지만 밤은 아직 사나운 깊이를 드러내지 않는 법이다. 일행은 또다시 차를 끓였다. 공주는 두 번째 잔을 마시다 말고 낙심해서 혼잣말로 중얼거렸다.

"이 세 사람 중에 누구를 선택해야 하지?"

그의 심장에서 목소리 하나가 들려왔다.

"알리를 선택해."

그녀는 다른 두 사람 몰래 알리에게 다음 날 모래언덕에서 만나자고 말했다.

알리는 레일라에게서 자신을 남편감으로 선택했다는 말을 듣고는 기뻐서 어쩔 줄 모르며 선택의 이유를 알고 싶어 했다. 공주도 감동해서 그에게 대답했다.

"첫 번째는 당신이 나의 심장을 다시 뛰게 했기 때문이고, 두 번째는 당신의 생명을 걸고 나의 심장 곁에 남아 있었기 때문이에요. 사랑을 하는 데는 오직 심장만이 중요해요."

알리는 자신의 기쁜 마음을 고백한 뒤 그녀의 집에 자신의 외삼촌을 보내 정식으로 청혼했다.

"인생의 가장 아름다운 선물은 무엇인가?"

이제 이 질문에 대답할 차례다.

사막의 일곱 자매

일곱 자매가 한 천막에서 부모와 함께 살고 있었다. 그들은 연못 근처에서 야영을 했고, 양 떼를 돌보았다. 아버지는 사냥을 해서 가족의 식량을 마련하곤 했다. 어느 날 사냥을 나갔다가 빈손으로 돌아오던 아버지는 새 일곱 마리가 나무 위에 앉아 있는 걸 보았다. 그는 새총에 조약돌 일곱 개를 걸어 새들을 향해 쏘았다. 그중 한 마리가 돌에 날개를 맞아 땅에 떨어졌다. 그는 떨어진 새를 주워 들고는 나무를 올려다보았다. 몇 마리나 남아 있는지 보기 위해서였다. 새는 한 마리도 남아 있지 않았다. 아버지는 그날 딸들에게 가져다줄 것이 새 한 마리밖에 없다는 데 낙심하며 잡은 새를 들고 집으로 돌아왔다.

그러나 딸들은 날개를 다친 새를 받아 천막 뒤에서 치료해 주었다. 새를 돌본 지 일곱째 날, 일곱 자매는 새가 다 나아서 날아가려 하는 것을 보았다. 그들은 새를 데리고 천막 가까이 있는 한 모래언덕으로 갔다. 그 옆에 더 큰 모래언덕이 보였다. 일곱 자매는 또다시 걸어 더 큰 모래언덕으로 갔다. 하지만 그 옆에는 그보다 더 큰 모래언덕이 있었다. 이렇게 해서 그들은 계속 걷다가 일곱 번째 모래언덕에 이르렀다. 그 언덕 위에서 일곱 자매는 새를 날려 보내며 새에게 각자 자신의 소원을 빌었다. 서로에게 털어놓지는 않았지만 그들은 새에게 똑같은 소원, 사랑을 만나게 해 달라는 소원을 속삭인 참이었다. 그것은 외딴 사막에 사는 일곱 자매로서는 이룰 수 없는 소원 같았지만, 그래도 그들은 꿈을 품고 있었다.

그로부터 일곱 번째 되던 날, 일곱 자매는 그 일곱 번째 언덕으로 다시 가서 저녁노을을 바라보았다. 멀리 지평선에 낙타 카라반의 모습이 보였다. 카라반의 모습은 마치 신기루처럼 아물아물해서 지나가는 모습이 몇 번이나 나타났다 사라졌다 했다. 이윽고 카라반의 모습이 보이지 않게 되었다. 일곱 자매는 카라반을 뒤쫓아 가서 만나기로 마음먹었다. 그렇게 해서 일곱 자매는 일곱 명의 청년을 만나게 되었다. 청년들은 목이 말라서 우물을 찾고 있었는데, 마침 자매들의 야영지 근처에 우물이 있었다. 일곱 자매는 청년들을 집으로 안내해서 양젖과 물을 대접했다. 청년들은 보답으로 곡식을 내놓았다. 그들은 여러 주 동안 그 집에 머물렀다. 일곱 자매의 아버지는 더 이상 사냥을 나갈 필요가 없었다. 일곱 자매는 청년들에게 우물에서 물을 흠뻑 길어 올려서 그 물로 밭을 일구어 곡식을 파종하자고 제안했다. 일곱 자매에게는 물이 있었고, 청년들에게는 파종할 곡식이 있었다. 또한 일곱 자매에게는 좋은 계획이 있었고, 청년들에게는 그 계획을 실현할 힘이 있었다. 일곱 자매와 청년들은 서로가 서로의 부족한 점을 채워 주고 있다는 걸 깨닫자 결혼해서 함께 살아가기로 마음먹었다. 그래서 그들은 주변 야영지의 사람들을 초대해서 혼인 잔치를 벌이기로 했다.

혼인 잔치에서 신부들은 흰색 옷을 입고 신랑들은 푸른색 옷을 입기로 결정했다. 잔치는 흥겨웠다. 이렇게 해서 새로운 부족이 탄생했는데, 그 부족은 푸른 옷을 입은 사람들이라고 불리었다.

여자는 찾고자 하는 것을 남자를 통해 발견한다. 남자는 얻고자 하는 것을 여자를 통해 얻는다. 이렇게 서로가 서로의 부족한 부분을 채워 주면 값진 결실을 거둘 수 있다. 선행은 우리의 소원을 이루어 주는 한 마리 새이다.

어린 소녀 문나와 사막 원숭이

여덟 살 난 소녀 문나가 땔감 나무를 찾으러 길을 나섰다. 어머니는 문나에게 조심하라고 거듭 당부했다.

"하늘의 해가 얼마나 기울었는지 잊지 말고 잘 살펴서 너무 늦기 전에 돌아와야 한단다."

혼자서 길을 나서게 된 게 너무 자랑스러운 나머지 문나는 어머니의 말을 흘려듣고 말았다.

문나는 나뭇짐을 안고 돌아오다가 모래폭풍을 만났다. 모래폭풍은 문나가 남겨 놓은 발자국을 전부 지워 버렸다. 문나는 방향감각을 잃고 말았다. 이 방향 저 방향으로 한참 동안 걸어가 보았지만 어디가 어딘지 점점 더 알 수 없어질 뿐이었다. 별안간 문나는 할아버지가 일러 주던 말이 생각났다.

"사막에서 길을 잃으면 헤매지 말고 한자리에 머물러야 한단다. 힘을 아껴야 살아날 희망도 커지니까."

문나는 모래 위에 주저앉아 베일을 덮어쓴 채 폭풍이 지나가기를 기다렸다. 한참의 시간이 흐른 후 눈앞에 모래언덕 하나가 보였다. 문나는 언덕 위로 올라가서 사방을 둘러보았다. 아무것도 보이지 않자, 문나는 소리를 질러 메아리가 울려 퍼지게 해야겠다고 생각했다. 하지만 목이 말라붙어 소리가 나오지 않았다.

신이 생각나면 하늘을 쳐다보고 가족이 생각나면 땅을 쳐다보는 법이다. 모래언덕 기슭에 작은 오아시스가 있는 것이 마치 신기루처럼 눈에 들어왔다. 그곳 습지 한가운데 작은 대추야자나무 한 그루가 서 있는 것도 보였다. 문나는 모래언덕을 내려갔다. 물을 마시고는 머리를 들어 보니 그 대추야자나무에 원숭이 한 마리가 있었다. 원숭이는 대추야자 열매를 따 먹는 참이었다. 문나는 배가 고팠다. 어떻게 해야 원숭이한테서 대추야자 열매를 얻을 수 있을까? 문나는 조약돌을 주워 원숭이를 향해 던졌다. 그러자 원숭이는 신통하게도 문나를 향해 대추야자 열매를 던져 왔다. 문나와 원숭이는 마치 놀이를 하듯 서로 조약돌과 대추야자 열매를 주고받았다. 그곳에는 둘밖에 없었기 때문에 그러다가 그 둘은 별안간 친구가 되었다. 위기에서 목숨을 건진 문나는 대추야자 열매로 배를 채우고 양쪽 주머니도 가득 채웠다. 그렇지만 문나는 울먹이기 시작했다.

"물과 먹을 것이 있고 또 원숭이 한 마리를 만났다고 해서 행복해지는 건 아냐. 행복해지려면 가족과 함께 있어야 해."

문나는 원숭이에게 작별 인사를 했다. 그러면서 원숭이가 살고 있는 이곳을 누구에게도 말하지 않겠다고 속삭이듯이 약속했다.

문나는 모래언덕 위로 다시 올라가서 또 한 번 사방을 둘러보았다. 아무것도 보이지 않았다. 문나는 있는 힘껏 고함을 지르기 시작했다. 야영지의 목동이 문나의 소리를 들었다. 원숭이가 사는 곳 반대편 기슭에서 목동 이수프가 문나를 찾으러 왔다. 그는 문나를 집에 데려다 주었다.

문나는 어머니의 품속에 뛰어들었다. 어머니가 딸을 껴안으며 말했다.

"하늘을 살피라고 그렇게도 일렀잖니."

하늘은 우리가 살아가는 데 필요한 모든 메시지를 보내 주는 법이다.

문나는 형제자매들에게 대추야자 열매를 나누어 주었지만 그걸 어디서 가져왔는지는 말하지 않았다. 문나는 평생 지켜야 할 비밀을 마음속 깊이 감추었다. 새로 얻은 친구인 원숭이를 보호하려는 것이었다. 만약 자신이 그 비밀을 털어놓으면 원숭이는 사람들에게 물과 대추야자 열매를 모두 빼앗기고 굶주림과 갈증으로 죽게 되리라는 걸 문나는 알았다. 또한 자신이 그 원숭이를 다시는 찾아갈 수 없다는 것도 알았다. 그 모래언덕에 자신을 데려다 달라고 가족에게 부탁했다가는 자신의 비밀을 내보일 수밖에 없을 테니 말이다.

이처럼 비밀은 종종 생명을 지켜 낸다. 진정한 우정은 말이 필요 없다. 평생토록 약속 하나를 지키는 것만으로도 우정을 잃지 않을 수 있다.

영양과 올빼미

　이 이야기는 아주 오래전의 일이라고 한다. 우리는 이 이야기를 사촌의 이모할머니한테 들었다.
　그날 밤, 사막의 모든 동물들이 앵무새 코지마 주위에 모여들었다. 코지마는 사막 동물들의 인기 음악가였다. 동물들은 환한 달빛 아래서 노래하고 춤추고 이야기를 나누었다. 한 올빼미가 아리따운 영양에게 연정을 품었다. 영양은 이 사막 동물들의 세계에서 가장 아름다웠다. 올빼미는 영양에게 구애했다. 영양 주위를 돌며 춤을 추고, 시를 읊어 주고, 사랑으로 불타오르는 그 큰 눈으로 지긋이 바라보았다. 영양은 올빼미의 시와 눈빛과 열정에 반해서 그와 사랑에 빠졌다. 축제가 끝나자 올빼미는 가슴을 두근거리며 영양에게 청혼했다. 영양은 감동했다. 사랑에 취한 영양은 올빼미의 청혼을 받아들였다.
　그다음 날 밤, 온 동네가 떠들썩하도록 결혼식 준비가 시작되었다. 모두들 기뻐하면서도 한편으로는 놀라워했다. 아리따운 영양이 올빼미와 결혼하다니! 그건 아무도 예상하지 못한 일이었다. 영양의 친구들은 영양에게 이런 선택을 한 것에 후회가 없는지 되풀이해서 물었다. 영양은 누구의 충고도 들으려 하지 않았다. 그녀의 심장은 고동치고 있었고, 중요한 건 오직 그 사실뿐이었다.

결혼식은 달 없는 밤에 열렸다. 모닥불만이 이 근사한 결혼식을 어렴풋이 밝혀 주었다. 그들은 매일 밤 한잠도 자지 않고 사랑의 밀월을 누렸다. 이렇게 몇 달이 흘렀다.

영양은 무척 행복했지만, 그런 중에도 아쉬움을 느꼈다. 낮 동안에는 남편을 결코 볼 수 없었던 것이다. 올빼미는 해가 지면 영양을 찾아왔다가 동이 틀 무렵 다시 떠나곤 했다. 영양은 낮에도 남편을 자기 곁에 붙잡아 두려 했지만 여러 달이 흐르는 동안 한 번도 뜻을 이루지 못했다. 영양은 낙심해서 어찌할 바를 몰랐다. 그녀는 친구들에게 이 얘기를 털어놓고 어떻게 하면 환한 대낮에도 남편과 함께 있을 수 있을지 물었다. 제일 꾀바른 친구가 아주 쓸모 있는 해결책을 귀띔해 주었다.

"잠을 잘 때는 천막을 치도록 해요. 천막 안은 어둡지만 밤도 역시 어둡잖아요. 천막이 아깝더라도 사방에 작은 구멍들을 뚫어 둬요. 그럼 당신 남편은 새벽빛이 밝아 와도 별빛인 줄 알 거예요. 그는 날이 새는 줄 모를 테니까 계속해서 텐트에 붙잡아 둘 수 있어요."

영양은 사랑하는 사람을 속여야 한다는 것에 마음 아파하면서도 귀띔받은 대로 했다. 그 외에는 다른 방법이 없었던 것이다.

그날 아침, 올빼미는 새벽이 왔는데도 아직 밤이라고 생각했다. 영양은 마침내 환한 햇빛 아래서 그를 볼 수 있게 되었다. 영양은 천막을 걷었다. 빛이 눈부시게 쏟아져 내렸다. 영양은 깜짝 놀라고 말았다. 눈에 들어온 남편의 모습이 아주 추했던 것이다! 그녀는 남편이 어째서 얼굴을 한사코 보여 주지 않으려 했는지 깨달았다. 밤에는 달빛과 별빛이 마법을 부려 그의 추한 모습을 감춰 주고 멋지게 보이도록 해 주었었다. 올빼미는 속임수를 알아차리고 아차 싶어서 담요로 자신을 가리려 했지만 이미 때늦은 뒤였다. 영양에게 상처를 주고 만 것이었다. 영양은 눈물을 흘렸다. 그녀가 슬픔에 젖어 올빼미에게 말했다.

"당신이 아무리 추하다 해도 그것이 이유라면 나는 당신을 받아들였을 거야. 당신을 사랑하니까. 하지만 당신은 정직하지 못했고 그래서 나는 당신을 떠나겠어. 당신은 나의 믿음을 배신했어. 나는 내 모습을 있는 그대로 당신에게 보여 주고 나의 모든 것을 털어놓았는데, 그러는 나에게 당신은 자신을 감추었어. 내가 당신을 떠나는 것은 당신의 얼굴 때문이 아니라 사랑하기 위해 거짓을 둘러써야 하는 당신의 약한 마음 때문이야."

사랑으로 인해 거짓을 행할 수도 있지만, 그 거짓은 언젠가는 반드시 드러나서 사랑하는 사람에게 실망을 안겨 주게 된다.

순례자 염소

이 이야기는 우리 사촌 형 형수의 이모가 들려준 것이다.

한 새끼 염소가 있었는데, 그 염소는 입버릇처럼 어미 염소에게 말하곤 했다.

"나를 보내 주세요. 난 순례 여행을 떠나고 싶어요. 그래서 영혼과 육신을 정화하고, 또 이곳을 떠나 어딘가에서 진실하고 순수한 세상을 발견하고 싶어요. 순례의 고난을 통해 신에게 가까이 다가가고 싶단 말이에요."

그러면 어미 염소는 매번 이렇게 대답했다.

"너는 아직 어려. 세상은 너에게는 너무 위험하단다. 여기 남아 있어."

새끼 염소는 어미를 조르고 또 조른 끝에 마침내 허락을 얻어 냈다.

"네 소원이 정 그렇다면 내일 먼동이 틀 때 떠나도록 해."

어미는 길 떠나는 자식을 축복해 주었다. 그러고는 꿀단지를 마련해서 새끼의 뿔에 걸어 주며 말했다.

"가거라. 네가 어디 있더라도 나의 영혼과 마음은 언제나 너와 함께할 거야."

동이 트자 새끼 염소는 야영지를 떠났다. 그는 밤낮으로 걸어갔다.

집을 떠난 지 일주일이 되었을 때 그는 거대한 모래바람을 만났다. 이어서 폭풍이 휘몰아쳤다. 새끼 염소는 당황하며 몸을 피할 곳을 찾았다. 모래바람 때문에 앞이 보이지 않았기 때문에 새끼 염소는 그만 자신도 모르게 사자 굴 앞으로 오게 되었다. 그는 진퇴양난의 고민에 빠졌다. 모래바람을 맞자니 모래가 눈과 살갗을 사정없이 때려 어쩌면 시력을 잃고 살갗이 벗겨질지도 몰랐다. 그렇다고 사자와 맞닥뜨릴 것인가? 상식적으로 생각해 보면 다음과 같은 결론이 나왔다.

"폭풍은 지금 눈에 보이고 피부로 생생히 느껴져. 반면 사자는 굴 안에 있을 거라고 추측되는 것이지 눈에 보이는 것도 아니고 느껴지는 것도 아니야. 그러니 저 굴 안으로 몸을 피하도록 하자. 우선 목숨을 구하고 다음 일은 운명에 맡기자."

새끼 염소는 벌벌 떨면서 굴 안으로 들어갔다. 얼핏 보기에 굴 안에는 아무도 없는 것 같았다. 새끼 염소는 굴 안에 웅크리고 앉았다. 잠시 후 폭풍에 쫓긴 하이에나 한 마리가 굴 안으로 피신해 들어왔다. 바로 그때였다. 새끼 염소와 하이에나는 동시에 무엇인가를 발견했다. 바로 사자였다. 사자가 굴 안쪽에서 아파서 끙끙거리며 신음하고 있었다. 새끼 염소는 두려움을 억누르고 사자에게 물었다.

"제왕이시여, 그토록 힘이 센 제왕께서 무슨 일로 신음하고 계십니까?"

사자가 대답했다.

"이빨 하나가 몹시 아프구나."

새끼 염소가 말했다.

"이빨이 아프다고요? 충치로군요! 그거라면 제가 치료할 수 있습니다. 하이에나 고기 한 덩어리가 필요합니다."

사자는 하이에나를 붙잡아 다리 하나를 끊어 새끼 염소에게 던져 주었다. 새끼 염소는 그것을 꿀단지에 담갔다가 사자에게 주었다. 꿀에 적신 다리가 너무 맛있어서 사자는 그것을 꿀꺽 삼켜 버렸다. 새끼 염소가 사자에게 이빨이 여전히 아프냐고 묻자 사자는 아직도 쿡쿡 쑤신다고 대답했다. 새끼 염소가 말했다.

"하이에나의 다른 쪽 다리에서 큰 고깃덩어리를 잘라 내서 그것에 이 약을 듬뿍 발라 입에 오랫동안 물고 있도록 하십시오."

새끼 염소는 사자에게 또다시 꿀단지를 내밀었다. 이렇게 해서 사자는 고깃덩어리를 물고 있고, 하이에나는 다리를 잃어 꼼짝도 못 하고 그 자리에 붙박여 있었다. 이제 새끼 염소가 달아날 길이 열린 것이다. 새끼 염소는 굴에서 펄쩍 뛰어나와서는 모래폭풍이 그친 것을 보고 기뻐하면서 걸음아 날 살려라 달아났다.

새끼 염소는 밤이고 낮이고 쉴 새 없이 달려서 일주일 뒤 마침내 집에 도착했다. 그는 목이 말랐고, 배가 고팠고, 너무나 지쳐 있었다. 그렇게도 고집을 부려 떠난 순례 여행에서 이렇게 빨리 돌아왔다는 데 놀라서 모두들 그를 보러 왔다. 하지만 새끼 염소는 여러 날 동안 아무 말도 하려 들지 않았다. 어느 날 아침 마침내 새끼 염소가 입을 열었다.

"엄마, 아빠, 친구들과 형제들, 며칠 전 나는 사자와 하이에나 사이에 끼인 채 오도 가도 못 하는 처지였어요. 하지만 지금은 무사히 목숨을 구해서 집에 와 있어요. 그래서 나는 순례 여행을 그만두기로 결심했어요. 이미 순례 여행을 한 셈이니까요. 유일하게 가치 있는 순례 여행이란 새로운 생명을 얻는 것인데, 나는 새롭게 삶을 얻은 거잖아요. 그래서 나는 가족과 친구들 곁에서 다시 얻은 이 삶을 살면서 나의 죄를 씻을 거예요. 자신을 정화하기 위해 먼 길을 떠날 필요는 없어요."

길 위에서 얼마나 오랜 시간을 보내느냐는 상관없다. 중요한 것은 길을 제대로 찾아 어떤 의미를 발견해 내는 일이다.

수탉과 타조

이 이야기는 우리 외사촌 누이의 이웃집 언니가 들려준 것이다.

엄청난 마법의 힘을 지닌 한 마법사가 사막에 살고 있었다. 어느 날 그는 사방으로 심부름꾼을 보내 세상의 모든 새들을 불러 모았다.

"마법사 디안디아로시가 삼 주 후 서쪽 모래언덕 기슭에서 모든 새들을 만나 값진 선물을 주려고 한다."

삼 주 후, 이른 새벽부터 모든 새들이 서쪽 언덕 기슭에 모여들었다. 마법사가 말했다.

"모두들 가까이 다가오라. 너희에게 특별한 선물을 주려고 한다. 완전히 다른 삶을 살게 해 줄 선물이다."

새들이 다가오자 마법사가 외쳤다.

"눈을 감아라. 내가 눈을 뜨라고 할 때까지 절대로 떠서는 안 된다."

마법사는 웃옷에서 마법의 지팡이 두 개를 꺼내더니 알아들을 수 없는 주문을 외면서 두 지팡이를 맞부딪쳤다. 별안간 마법사가 소리쳤다.

"눈을 떠라. 날개를 펼쳐 퍼덕여 봐라."

새들은 날갯짓을 했고, 그리하여 생전 처음으로 날아오르기 시작했다. 새들에게 또 다른 세상이 열린 것이다. 새들은 하늘을 날아 자신들이 사는 곳으로 되돌아갔고, 땅을 내려다볼 수 있다는 것에 놀라고 기뻐했다.

그러나 새 두 마리는 대마법사를 하찮게 여기서 오지 않았고, 그래서 날 수 있는 능력을 얻지 못했다. 바로 타조와 수탉이었다.

타조와 수탉은 자신들의 운명을 바꿀 이 놀라운 기회를 놓친 것을 한탄했다. 2년 후 그들은 오랫동안 망설인 끝에 마침내 마법사를 찾아가기로 마음먹었다. 모든 새들이 그들에게 저 높은 창공에 대해서, 하늘에서 바라본 이 세상 모습에 대해서, 대기를 가르며 날 때의 기쁨에 대해서, 아프리카의 겨울과 유럽의 여름에 대해서 이야기해 주곤 했다. 그 이야기를 들으며 그들은 더 이상 지상에 남아 있을 수가 없었다. 타조와 수탉은 자신의 거만함 때문에 놓쳐 버린 행운을 어떻게 해서든 되찾고 싶었다. 그래서 그들은 마법사를 찾아 온 사하라 사막을 헤매고 다녔다.

어느 날, 그들은 모래언덕 기슭에 앉아서 마법서를 읽고 있는 디안디아로시를 발견했다. 타조와 수탉은 마법사에게로 달려가서 그의 발 아래 엎드렸다. 둘은 감격해서 한참 동안이나 말을 못하고 있다가 마침내 마법사에게 간청했다.

"오! 마법사시여. 부르셨는데 가지 않았던 우리의 거만함을 뉘우치고 있습니다. 용서하십시오. 부디 우리도 다른 새들처럼 날 수 있게 해 주십시오."

마법사는 오랫동안 생각에 잠겨 있다가 대답했다.

"나는 이제 너희를 날게 해 줄 힘이 없지만, 너희의 간청에 마음이 흔들리는구나. 거만함을 뉘우치고 용서를 구하기 위해 나를 찾아왔으니, 나도 너희를 용서해 주마. 너희의 삶을 영영 바꾸어 놓을 뭔가를 선물해 주마. 타조야! 앞으로 나오너라! 눈을 감아라!"

마법사는 마법의 지팡이 두 개를 맞부딪치며 묘한 주문을 외었다. 이어서 타조에게 말했다.

"눈을 떠라! 너의 목이 길어졌으니 너는 이제 멀리서 다가오는 적들도 볼 수 있을 것이다. 그뿐 아니라 지금 이 순간부터 너는 지상에서 가장 빨리 달리는 동물이 되었다. 너는 날 수는 없지만 달릴 수는 있다. 행운을 빈다!"

깜짝 놀라 어쩔 줄 모르던 타조는 한참 동안 엎드려 마법사에게 감사를 올렸다.

그런 다음 마법사는 수탉을 향해 몸을 돌렸다. 수탉은 겁이 나서 벌벌 떨며 윤기 없는 잿빛 깃털 아래 몸을 파묻고 있었다. 마법사가 수탉에게 말했다.

"눈을 감아라."

그는 자기 혼자만 알아들을 수 있는 주문을 외면서 마법의 지팡이 두 개를 맞부딪쳤다. 그러고는 외쳤다.

"눈을 떠라! 너는 예나 지금이나 예술가이다. 너는 노래를 잘 부른다. 모두들 너의 노래를 좋아했다. 너와 같은 예술가는 이제 멋진 머리장식을 하고 근사한 옷을 입는 게 마땅하다. 내 손바닥에 거울이 있으니 너의 모습을 비추어 보아라."

수탉은 자신이 멋진 붉은 벼슬과 알록달록한 깃딜을 지니게 되었음을 알아차렸다. 마법사는 수탉에게 마치 비밀을 이야기하듯 나지막이 소곤거렸다.

"너는 날지는 못하지만 유혹하는 일에서는 당할 자가 없다. 이제 네 갈 길로 가서 너의 멋진 모습을 누려라."

자신에게 다가오는 행운을 붙잡을 줄 알아야 한다. 그렇지만 행복이란 어떤 모습이라고 정해진 것이 아니다. 하늘을 나는 일이든, 빠르게 달리는 일이든, 남들을 즐겁게 해 주어 유혹하는 일이든, 중요한 건 그 행운을 그냥 놓치지 말고 그걸 붙잡기 위해 자신의 잘못을 고칠 줄 아는 것이다.

양치기 여우

이 이야기는 우리 사촌형제의 이모의 사위가 들려준 것이다.
한 부자가 살았는데, 그는 그 지방에서 가장 큰 양 떼를 소유하고 있었다. 어느 해 사막에 큰 가뭄이 들었다. 양 떼 주인은 이대로 있다가는 큰일이 나겠다 싶어서 자신의 양들을 북쪽 지역으로 몰고 갈 젊은 양치기를 구한다는 방을 인근 지역에 붙였다. 몰고 가야 할 양의 마릿수가 많은 걸 알고 그 큰 임무를 떠맡는 데 겁을 집어먹은 젊은이들은 아무도 선뜻 그 일을 맡겠다고 나서지 않았다. 양치기를 구하지 못한 채 며칠 몇 주가 흘러갔다.
한 달이 지난 후, 한 젊은 양치기가 마침내 일을 떠맡겠다면서 나타났다. 그는 여우였다. 주인은 여우가 자신의 양 떼를 잡아먹을까 봐 걱정이 되어 선뜻 승낙을 못 하고 망설였다. 그러나 여우의 태도가 아주 열성적이고 상냥했으므로 결국 그를 받아들였다. 여우는 양의 마릿수가 아주 많은 데 대해서도 전혀 걱정하지 않는 것 같았다. 주인과 여우는 보수를 놓고 흥정을 시작했다. 흥정은 시간을 오래 끌지 않았다. 주인에게는 선택의 여지가 없었다.

그는 여우를 양치기로 삼아야만 했다. 그러지 않으면 자신의 양 떼가 허기와 갈증으로 죽게 될 판이었다.

이렇게 해서 여우는 굶주린 양 떼를 몰고 북쪽으로 떠났다. 한 달쯤 지났을 때 이 양치기는 마침내 푸르른 목초지에 도달했다. 이제 양들은 목숨을 건진 것이다. 그곳은 양들에게는 낙원이었다. 그러나 여우로서는 입맛에 맞는 사냥감을 구할 수 없는 그곳이 지옥이었다. 양들은 나날이 살이 올랐지만 여우는 여위어 갔다. 굶주리고 외로움에 지친 여우는 어느 날 새끼 양 한 마리를 잡아먹기로 결심했다. 딱 한 마리로 끝낼 생각이었다. 여우는 새끼 양을 먹었다. 하지만 먹다 보니 너무나 맛있었다. 새끼 양 한 마리만 먹고 말려던 결심은 곧바로 몸집이 작은 양을 잡아먹을 생각으로 옮겨 갔다. 이어서 양 세 마리, 네 마리, 그다음에는 백 마리를 잡아먹게 되었다. 이렇게 해서 여우는 몇 주 사이에 부자의 양들을 한 마리도 남김없이 먹어 치우고 말았다.

어느 날 주인이 자신의 양들이 잘 있는지 보려고 찾아왔다. 양치기는 부자가 나타나자 겁이 더럭 났다. 양이 한 마리도 남아 있지 않다는 사실을 어떻게 털어놓는단 말인가? 하지만 그것도 잠시뿐, 별안간 자신감을 회복한 여우는 그 남자에게 꾀로 맞서기로 하고 이렇게 말했다.

"이렇게 뵙다니 얼마나 기쁜지요. 이웃의 양치기들이 말하기를 나리가 급작스럽게 돌아가셨다지 뭡니까! 저는 너무나 애통한 나머지 양 백 마리를 제물로 바쳐 나리의 명복을 기원했었지요. 그러고 나자 어떤 다른 양치기가 제게 말하기를 나리께서 살아 계시다는 겁니다. 저는 너무나 기쁜 나머지 그 소식을 축하하기 위해 양 백 마리를 제물로 바치고 나리의 평안을 기원했었지요. 나리의 양들은 통통하게 살이 올랐었습니다. 제가 잘 거두어 먹인 덕분이지요. 그러니 저는 제 임무를 다한 겁니다."

여우는 잠시 입을 다물었다가 말을 이었다.

"제게 약속한 보수를 주십시오."

주인은 양치기에게 보수를 주지 않을 수 없었다. 계약서에는 양들이 굶어 죽거나 병이 들어 죽으면 안 된다고 되어 있었는데, 그의 양들은 굶어 죽은 게 아니있기 때문이나. 여우는 보수를 받아 챙기고는 빈털터리가 된 주인을 남겨 놓은 채 올 때처럼 훌쩍 떠나 버렸다. 주인은 어리석음 탓에 가난뱅이가 되고 말았다. 양들의 천적이 무슨 수로 하루아침에 양들의 동반자가 될 수 있겠는가?

상대를 너무 쉽게 믿어서는 안 된다. 어리석음은 돌이킬 수 없는 실수로 이어지는 법이다. 불행을 피하자고 위험을 무릅쓰는 것만큼 어리석은 일은 없다.

가장 대담한 동물

이 이야기는 우리 사촌 누이의 시동생의 사촌 누이가 들려준 것이다.

어느 날, 개 한 마리가 자기 새끼에게 말했다.

"내 아들아, 네가 아주 어리기는 하지만 나는 너에게 산을 기어 올라가는 법을 가르쳐 주려 한다. 개라면 기고 뛰고 오르고 달리고 쫓고 줍고 물고기를 잡는 법을 다 알아야만 하거든."

그들은 산으로 떠났다. 꼬박 몇 주 동안 아비 개는 새끼에게 자연 속에서 살아가는 온갖 요령을 가르쳤다. 새끼가 모든 걸 배웠을 무렵 아비 개가 미끄러져 떨어졌다. 새끼는 가슴 아파하며 달려가 아비를 구하려 했다. 아비 개는 몹시도 고통스러워하고 있었다. 새끼가 울면서 말했다.

"내가 할 수 있는 게 뭐예요, 아빠?"

아비가 대답했다.

"내 말을 잘 들어라. 네가 나를 위해 할 수 있는 일은 이제 아무것도 없다. 이제부터 너는 혼자다. 네가 살 길을 찾아야 한다. 가장 대담한 동물을 찾아가거라. 그의 곁에 붙어 있으면 너는 갖가지 기회를 얻을 수 있을 것이다. 너는 어리지만 아주 영리하잖니. 가거라!"

새끼가 물었다.

"가장 대담한 동물이 누구인데요?"

대답을 해 주려는 순간 아비 개는 숨이 넘어가고 말았다. 새끼는 아비를 땅에 묻고 명복을 빌고 나서, 가장 대담한 동물을 찾아 혼자서 정처 없이 길을 떠났다.

새끼 개는 굶주리고 절망한 채 몇 날 며칠 동안 사막을 헤매고 다녔다. 어느 날 아침 그는 몸집 작은 동물을 발견했다.

"안녕하세요. 나는 혼자 지낸 지 오래되었어요. 내 친구가 되어 줄래요?"

하이에나가 대꾸했다.

"그러지. 혼자라니 나와 함께 다니자."

친구가 된 둘은 함께 길을 가며 여기저기 어슬렁거리고 언덕을 기어오르고 음식을 구해 먹고 함께 달아나곤 했다.

어느 날 저녁 그들은 또 다른 동물을 보았다. 개는 사냥꾼의 본능으로 바짝 긴장해서 짖어 댔다. 하이에나가 개에게 조용히 하라고 일렀다.

"저건 사자야. 우리 소리를 들으면 해칠지도 몰라."

그 말을 들은 개는 하이에나가 가장 대담한 동물이 아니라는 사실을 깨달았다. 그렇잖으면 사자를 무서워할 리 없으니 말이다. 개는 즉시 사자를 찾아 떠났다. 다음 날 오후, 그는 사자를 발견했다. 개는 사자에게 상냥하게 다가가서 말했다.

"안녕하세요, 사자 님. 저는 혼자 살아가는 개예요. 제가 사자

님의 친구가 되어 드려도 될까요?"

사자는 즉시 허락했다. 둘은 뛰고 기어오르고 음식을 먹고 어슬렁거리고 다녔다.

하루는 그들이 나무 사이로 가고 있는데 이상한 소리가 들려왔다. 개는 즉시 짖기 시작했다. 사자가 개에게 조용히 하라고 일렀다.

"저건 코끼리야. 아주 힘이 센 놈이라고. 저놈은 우리를 해칠 수도 있어."

개는 사자 역시 가장 대담한 동물이 아니라는 사실을 알아차렸다. 그래서 그는 사자가 낮잠을 자는 사이 한마디 말도 없이 그 곁을 떠나 코끼리를 찾으러 갔다. 이틀 후 개는 코끼리를 만나 말했다.

"안녕하세요, 코끼리 님. 저는 혼자 사는 개예요. 저의 우정을 받아 주시겠어요?"

코끼리는 개를 친구로 삼아 주었다. 둘은 어슬렁거리며 다니고 음식을 먹고 줄행랑도 치고 강물에 멱도 감았다. 어느 날 아침 둘은 몸집이 아주 작은 누군가가 멀리서 오고 있는 걸 발견했다. 개는 짖기 시작했다. 코끼리가 개에게 조용히 하라고 일렀다.

"저 작은 녀석은 아주 위험한 놈이 될 수도 있단 말이야. 어서 숨어!"

또 한 번 개는 코끼리가 가장 대담한 동물이 아니라는 걸 깨달았다. 개는 코끼리가 먹을 감는 틈을 타서 달아나 그 작은 이를 찾아다녔다. 일주일 후 개는 거대한 코끼리를 그토록 겁먹게 했던 그 작은 이를 만나 말했다.

"안녕하세요. 저는 혼자 사는 개예요. 저의 우정을 받아 주시겠어요?"

사람이 대답했다.

"그래. 나와 함께 지내자."

그들은 사냥하고 물고기를 잡고 놀이를 하고 이야기를 나누고 늘 붙어 다니며 서로를 도왔다. 어느 날 그들이 사냥물을 쫓아 달려가고 있는데 큰 번개가 번쩍이고 무시무시한 천둥소리가 귓가를 울렸다. 개는 겁이 나서 짖어 댔다. 사람은 개에게 입을 다물고 몸을 숨기라고 이르는 대신 소리쳤다.

"어서 가서 잡아!"

그러자 개는 사람이 가장 대담한 동물이라는 사실을 알아차렸다. 별안간 아비의 가르침이 이해가 됐다. 숨으려 하기보다 당당히 맞설 때 더 많은 것을 얻게 된다는 가르침 말이다. 진실이란 결코 단념하지 않고 찾아 나설 때에야 발견할 수 있는 법이다.

가슴이 뒤따르는 삶을 살아간다면
모든 존재들이 고귀한 혼을 지닌 스승들이며
마음과 마음이 만났을 때 진정한 삶이 열린다는 것을 잊지 않는다면…

사막학교 소식

생텍쥐페리 사막학교는 2010년에 학생 수가 76명으로 늘었다. 2010년 1월자 사막학교 소식지에 따르면 6학년 졸업생 전원이 무사히 졸업시험을 통과하여 타보예 중학교 과정에 진학했고, 그 전해에 중학교에 진학한 4명도 우수한 성적을 거두고 있다고 한다. 중학생들 역시 사막학교 기숙사에서 생활하며 이브라힘의 보살핌을 받고 있다. 따라서 현재 사막학교 기숙사에는 초등학생 76명과 중학생 11명이 생활하고 있는데, 더 많은 학생들을 받고 싶어도 재정난으로 인해 어려운 상황이라고 한다. 그렇지만 꾸준한 후원금 덕분에 마침내 여학생들만의 기숙사가 완공되어 현재 9명의 투아레그족 여학생이 그들만의 기숙사에 머물고 있으며, 이곳에는 투아레그족 출신 여성 한 명이 사감으로 상주하여 여학생들을 돌보게 되었다고 한다. 여자아이들의 교육이 여성의 대외 접촉에 너그럽지 않은 투아레그족의 전통과 보다 원만하게 융화될 해법을 찾은 것이다. 또한 우물 공사의 완공으로 약간의 채소를 재배하게 됨으로써 학교의 식재료를 조달하는 데 도움이 되고 있다고 한다.

  이 책에 담긴 무사와 이브라힘 형제의 이야기, 두 사람이 학교 교육을 받기 위해 이겨 내야 했던 온갖 역경, 그리고 마침내 사막 학교를 세우기까지의 과정은 2009년 프랑스에서 〈사막학교〉라는 제목의 다큐멘터리 영화로 제작되기도 했다.

사막학교를 돕는 사람들

세바스티앙 다비드는 보르도의 교사이다. 2005년 그는 교직 이수 수료증을 취득하기 위한 교육실습 과정을 특별한 환경에서 이수하고자 사막을 선택했다.

말리의 타보예로 온 다비드는 이브라힘 아그 아사리드를 만나 이브라힘의 학교에서 함께 일했다. 이렇게 해서 우정이 쌓였다.

보르도로 돌아온 다비드는 사막학교 후원회를 세웠다. 유목민 아동들을 위한 학교를 세우려는 이브라힘의 계획을 돕기 위해서였다.

후원회는 다음과 같은 사업에 최선의 노력을 기울이고 있다.

- 사막학교의 교장과 교사들이 전문직 교사들과 함께 교수법을 이수할 수 있도록 돕는다. 이 지원 사업의 일환으로 이브라힘 아사리드는 프랑스를 정기적으로 방문하여 교사 연수를 받고 있다. 또한 프랑스 교사들이 매년 한 차례 타보예의 사막학교에 머물면서 교사와 학생들에게 교수법과 학습법에 관한 지

식을 전하고 있다.
- 학생들이 더 나은 조건에서 공부할 수 있도록 학습 기자재를 보낸다. 이 사업에 따라 후원회는 매년 책, 공책, 필기용 석반, 연필, 학습 놀이용품, 수數 계산 도구, 판화 재료, 낱말카드, 칠판 등을 타보예의 사막학교에 전달하고 있다.
- 사막학교와 보르도 학교들 간의 자매결연과 상호교류를 추진한다. 이에 따라 해마다 학교 간의 교류가 이루어져 서로 이야기와 사진들을 주고받았고, 그럼으로써 학생들뿐 아니라 교사들 사이에도 우정이 싹트고 있다.
- 후원회의 파트너로 참여하고 있는 프랑스 학교 한 곳을 사막학교 아동들이 방문하여 한 달간 어학연수를 받고 문화를 체험할 기회를 제공함으로써 그들이 서구세계를 만날 수 있도록 돕는다. 현재 매년 두 명의 투아레그족 아동이 프랑스에서 한 달 동안 학교생활을 체험하고 있다.
- 사막학교 기숙사는 학생들이 방학을 제외한 여섯 달 동안 머물며 생활하는 곳인 만큼 기숙사의 생활 여건을 개선하기 위해 노력을 기울이고 있다.

후원회의 연혁과 활동, 추진 중인 사업 계획에 대해 더 알고자 하는 분은 사막학교 인터넷 홈페이지 www.ecoledessables.com을 방문해 주시기 바랍니다.

옮긴이의 글

사막에서 싹튼 앎의 씨앗

무사와 이브라힘은 북아프리카 사하라 사막의 형제이다. 이들은 어린 시절 우연한 계기로 생텍쥐페리의 〈어린 왕자〉를 만나게 된다. 파리-다카르 자동차경주를 취재하러 사막에 온 한 프랑스 여기자가 유목민 캠프 앞에 떨어뜨린 책을 형인 무사가 주워 주고 그 책을 선물 받은 것이다. 〈어린 왕자〉의 책장을 넘기던 사막의 두 소년은 거기서 자신들과 닮은 한 소년의 모습을 발견한다. 책 속에 그려진 소년은 자신들이 사는 사막을 닮은 모래언덕에 앉아 있었다. 하지만 글을 읽을 줄 모르는 두 소년은 책장의 그림들만 넘겨볼 뿐 어린 왕자의 모습 둘레에 펼쳐진 검은 활자들의 수수께끼는 풀 수 없었다. 두 소년은 글을 배우고 싶었다. 그래서 어린 왕자에 대해 알고 싶었다. 책을 읽고 자신을 닮은 소년에 대해 알고 싶다는 소망, 그것은 말하자면 자신들의 세계에 대해, 자신에 대해 알고 싶다는 소망이었다.

이렇게 앎에 대한 열망이 싹텄다. 그러나 사막의 두 소년에게 배움의 길은 너무나 멀리 있었다. 사막 유목민 투아레그족의 아이가 집안일을 도와 하루 종일 염소를 돌보는 대신에 학교에 가서 공부를 한다는 것은 생각조차 못할 일이었다. 하지만 두 소년은 어렵게 아버지를 설득한 끝에 마침내 학교에 입학하게 된다. 그 이후로 두 소년의 삶은 배움을 위한 투쟁의 연속이었다. 처음 학교에 발을 내디딘 가오에서 시작하여 사막 변경 마을 타보예 학교로, 부렘의 중학교에서 말리공화국의 수도 바마코로 이어진 이 여정 동안 두 사람은 오직 학교에 다니겠다는 일념으로 낯선 환경과 가난, 이방인에 대한 배척 등 갖가지 장애물과 맞서야 했다. 마침내 대학입학 자격을 얻은 형 무사는 더 큰 배움을 위해 프랑스 유학길에 오르고 동생 이브라힘은 정보처리기술자 자격을 획득하기까지, 두 사람이 배움을 위해 시련과 싸워 온 그 시간들은 또한 그들에게 무슨 일이든 최선을 다해 노력하면 반드시 이루어진다는 소중한 자신감을 심어 준 과정이기도 했다.

  사막에 남은 가족의 희생과 헌신 덕분에 자신들이 학교에 다닐 수 있었다는 사실을 잘 아는 형제는 이제 자신들이 얻은 것을 투아레그족 공동체에 돌려주고 싶다는 소망을 품는다. 자신들이 학교 교육을 받은 덕분에 스스로의 삶을 선택할 수 있었듯이 사막의 아이들에게도 변화하는 시대에 발맞춰 각자의 가능성을 키워 나갈 기회를 주고 싶었다. 투아레그족 공동체의 아이들이 사막의 닫힌 문을 열고 외부 세계를 바라볼 수 있도록 하자면 이제 그들 앞에도 학교로 가는 길을 놓아 주어야 했다.

아이들의 학교 교육이 필요하다는 생각은 사실 투아레그족이 당면한 위기 상황을 절실히 인식한 데서 비롯된 것이다. 투아레그족은 오랜 세월 동안 사하라 사막을 터전으로 자유롭게 살아왔다. 주기적으로 목초지를 찾아 이동하는 유목생활은 그들을 굳세고 독립적인 기질로 길러 주었으며, 그런 기질을 바탕으로 투아레그족은 외부인이 겁내는 사막을 가로질러 대상무역을 해 오기도 했다. 오늘날 말리에서 몇 날 며칠 동안 뜨거운 사막을 건너 암염을 운반하는 어려운 일에 종사하는 이들도 바로 이 투아레그족이다. 푸른 옷에 푸른 베일을 쓰고 단봉낙타에 올라 사막을 누비는 의연하고 강건한 부족인 그들은 극단의 자연환경에서 삶을 이어 가면서도 자신들의 자주성을 지켜 낸 용감한 전사 부족이었다. 그들은 19세기 중반 서구 제국주의자들의 침략에 맞서 낙타를 타고 칼을 휘두르며 저항했었고, 근래에는 사하라 사막 남쪽에 그은 국경선을 구실로 유목민을 차별하는 말리 정부에 맞서 투아레그족 항쟁을 일으키기도 했다. 자연의 리듬과 법칙만을 따르며 살아온 그들에게 국가 경계선이라든가 중앙정부의 존재, 행정관청이 부과하는 의무 같은 것은 애써 복종할 필요 없는 자의적 규약일 뿐이었다.

그러나 인위적인 규율에 예속됨이 없이 자유로운 영혼을 지켜 온 이 부족이 그런 용맹한 기질로도 맞설 수 없는 위협이 눈앞에 다가와 있었다. 지구 온난화 현상으로 인해 풀 한 포기 살 수 없는 모래땅의 면적이 나날이 확대되면서 그들의 삶의 터전인 목초지도 줄어들고 있는 것이다. 그들이 자리 잡은 사막은 계속된 가뭄으로 인해 이제 유목생활이 불가능한 곳으로 변해 가고 있다. 가축을 모두 잃고 먹을 물조차 구하지 못해 생존을 위협 받게 된 투아레그족들은 유목생활을 포기하고 인근 도시로 떠나지만, 사막에서 자유롭게 살아온 이들이 도시생활에 적응해 살아갈 방법을 모색하기란 쉬운 일이 아니다. 사막을 잃은 투아레그족은 자신들이 전통적으로 지켜 온 삶의 지혜와 방식이 통하지 않는 낯선 환경에 뿔뿔이 흩어져, 현대사회에 통합될 수단조차 얻지 못한 채, 무력한 소수자, 도시 변두리 빈민으로 전락하고 있다. 사막의 전사들이었던 투아레그족 공동체가 이제 부족의 존속 자체를 위협 받는 상황에 처한 것이다.

　이런 상황 앞에서 투아레그족은 지금까지 고수해 온 삶의 방식을 바꾸지 않을 수 없게 되었다. 이제 그들도 사막의 고립된 생활에서 벗어나 외부 세계와 교류해야만 했다. 변화하는 세계 환경에 발맞춰 나가기 위해 무엇보다 필요한 것은 자라나는 아이들에게 학교 교육을 통해 새로운 시대에 적응할 수단을 마련해 주는 일이었다. 학교는 투아레그족 공동체가 당면한 위기를 헤쳐 나가기 위한 방법, 생존이 위협받는 궁지에서 탈출할 유일한 통로였다.

　투아레그족 아이들에게 학교 교육을 받게 하려는 무사와 이브라힘의 계획은 그 당위성에도 불구하고 실현하기가 쉽지 않았다.

두 사람이 가장 먼저 부딪친 문제는 학교 교육의 필요성을 투아레그족 가족들에게 일일이 납득시키는 일이었다. 대의에는 공감한다 하더라도 일손 하나가 아쉬운 사막 유목민 가정에서 아이들을 야영지에서 멀리 떨어진 학교로 보내 공부시킨다는 것은 현실적으로 상당한 희생이 필요했다. 주저하는 학부모들을 설득하여 마침내 아이들을 이웃 부족의 학교에 입학시키기는 했다. 그렇지만 어렵사리 입학한 보람도 없이 사막의 아이들은 다른 부족의 마을, 다른 부족의 학교, 다른 언어에 금방 적응하지 못했다. 처음 학교를 접한 사막의 아이들은 이렇게 점차 의욕을 잃고 의기소침해지고 만다. 아이들이 학교에 적응하도록 하자면 보다 익숙한 문화와 환경 속에서 생활할 수 있도록 해 주어야 했다.

첫 실패를 교훈삼아 두 사람이 다음으로 시도한 방법은 같은 투아레그족이 건설한 마을을 찾아가 그곳의 학교에 사막 아이들을 입학시키는 것이었다. 이번에도 결과는 좋지 않았다. 아이들에게 공부하고자 하는 의욕을 북돋아 주지 못하는 한 학교는 의미 없는 공간에 불과했다.

그러나 두 사람은 포기하지 않았다. 두 번의 실패를 딛고 그들은 이제 승부수를 띄운다. 투아레그족의 아이들을 기존의 다른 학교에 맡겨서 교육하는 것이 아닌, 그들만을 위한 학교를 직접 세워 운영하고자 한 것이다. 이를 위해서는 누군가 한 사람이 학교를 전적으로 떠맡아야 했고, 그러자면 그 사람은 삶에 대한 지금까지의 모든 계획을 포기하고 자신의 미래를 송두리째 학교에 바쳐야만 했다. 동생 이브라힘이 깊은 고민 끝에 결단을 내린다. 말리에서 정보처리기술자라는 직업은 안락한 삶을 보장받을 수 있는 위치지만 이브라힘은 이 직업을 포기하고 학교를 맡기로 결심한 것이다. 삶의 의미를 물질적 풍요가 아닌 보다 큰 것에서 찾겠다는 결단이었다.

마침내 이브라힘의 책임하에 타보예에 투아레그족의 작은 학교가 세워졌다. 어려운 여건 속에서도 이브라힘과 학생들의 노력으로 학교는 점차 자리를 잡았다. 프랑스에 유학 중인 무사도 적극적으로 힘을 보탰고, 취지에 공감하는 외부 후원자들의 도움도 있었다. 이렇게 해서 사막의 작은 학교는 마침내 2007년 2월 24일 '생텍쥐페리 사막학교'라는 정식 명칭을 얻었다. 이 책은 무사와 이브라힘 형제가 배움을 위해 싸워 온 과정과 이처럼 사막의 아이들에게 학교의 문을 열어 주기까지 수많은 역경을 헤쳐 온 이야기를 담고 있다.

하지만 학교를 설립해 운영하는 것과는 별개로 어려운 문제가 또 하나 있었다. 투아레그족 공동체가 당면한 위기를 극복하고 현대사회에 발맞춰 변화 발전해야 한다는 요구로 볼 때 아이들의 학교 교육은 꼭 필요한 일이지만, 동시에 학교로 인해 투아레그족의 전통, 투아레그 문화의 기반이 흔들리게 될지도 모른다는 우려 역시 존재하는 것이다. 학교 교육을 통해 투아레그족 속으로 유입될 개인주의와 물질적 가치관은 개인보다는 우리를 우선하는 그들의 공동체적 가치관을 약화시킬 위험이 있었다. 두 사람도 인정하듯이 사하라 사막 유목민으로서의 공동체의식과 전통은 투아레그족이 가진 유일한 자산이다. 그런 그들이 서구를 향해 자신을 연 대가로 개인으로 뿔뿔이 흩어질 때 그들이 지녀 온 가장 큰 힘을 잃게 되리라는 염려가 단지 기우일 수만은 없다. 공동체의 생존을 위해 택한 해결책이 전통을 흔들고 나아가 또 다른 방식으로 공동체의 존속을 위협할지도 모른다는 딜레마에 빠진 것이다. 무사와 이브라힘 형제가 사막 아이들의 학교 교육을 두고 유목민 가족들을 설득하는 데 어려움을 겪었던 가장 큰 이유는 바로 이것이었다. 또한 공동체의 정신적 지주인 이맘이 학교 설립에 반대하고 나선 것도 바로 이런 이유에서였다.

그렇지만 두 사람은 자신 있는 목소리로 말한다. 투아레그족 공동체를 외부에 열어 놓으면서도, 즉 학교를 포기하지 않고도 부족의 전통을 이어 나갈 수 있다고 말이다. 어쩌면 학교야말로 전통을 지켜 낼 유일한 방법일지도 모른다고 그들은 내심 생각하는 듯하다. 그들은 자신의 것을 보존하기 위해 외부 세계를 외면하기보다 자신의 세계를 시대에 맞게 변화시키는 게 나으며, 이것이야말로 진정한 의미의 전통의 계승이라고 믿는다.

오랜 세월 투아레그족이 지녀 온 또 다른 이름은 이모하, 바로 자유인이다. 사막 유목민으로서 그들이 지켜 온 전통의 핵심이란 바로 자유로움, 즉 자유로운 삶과 자유로운 영혼이다. 그런 이상 사막 유목민의 생존을 지켜 내고 스스로의 삶을 헤쳐 갈 능력을 기르자는 학교가 전통과 대립할 수는 없다. 오늘날 세계에서 지식의 습득 없이 삶을 꾸려 가기란 어렵다. 자유가 자신의 생존을 외부의 힘에 의탁하지 않고 스스로 지켜 냄으로써만 가능하다면, 아이들을 위한 학교야말로 그들의 자유를 보존할 유일한 길이다. 사막 아이들의 학교는 이들 유목민의 전통을 벗어나기는커녕 전통을 진정으로 지켜 내기 위한 방법, 자유를 향해 절실하게 내딛는 한 걸음인 것이다.

사막 유목민 공동체가 자신들이 처한 위기 상황을 인식하고 변화를 갈망하면서도 이처럼 자신들의 전통을 지켜 나가기 위해 힘든 싸움을 벌이는 바탕에는 밀려오는 서구문화와 견주어 무엇이 진정 자유롭고 풍요로운 삶인지를 묻는 사막인의 자긍심이 있다. 이 자긍심은 사막의 고요함과 평화로움, 석양에 물든 모래언덕, 하루 일을 끝내고 모닥불 가에 둘러앉아 사랑하는 사람들과 나누는 대화들, 바람과 태양, 자연의 리듬에 맞추어 살아가는 사막의 삶을 사랑하기에 가능한 일일 것이다.

프랑스에서 유학 중인 무사는 1999년 서구사회에 처음 발을 내디뎠을 당시의 경험과 인상을 앞서 〈사막별 여행자〉로 풀어 놓은 적이 있는데, 그 첫 번째 책에 이어 이 책에서도 프랑스의 초등학생들을 가까이에서 지켜본 경험을 바탕으로 사막의 아이들과 서구의 아이들에 대해 이야기한다. 사막의 아이들과 서구사회의 아이들은 많이 다른 듯이 보이지만 결국은 닮았다. 다만 각각의 아이들이 놓인 환경이 다를 뿐이다. 무사는 서구 아이들의 상상력을 북돋아 주기 위해 고안된 환경이 오히려 아이들의 상상력을 저해하는 것은 아닌지, 물질적 결핍을 모르고 성장한다는 것이 삶 자체로 보면 오히려 결핍이 아닌지, 정보의 홍수와 시끌벅적한 환경 속에서 성장하면서 오히려 고독해지는 것은 아닌지 묻고 있다. 그는 겉으로 보이는 서구사회의 진취성과 풍요에 대해 솔직하게 감탄하고, 자신이 떠나온 사막의 정체된 모습과 절박한 가난에 연민을 감추지 않는다. 그렇지만 무엇이든 진실은 겉모습 너머에 숨어 있는 법, 무사의 시선이 단지 겉모습에 감탄하는 것으로 그칠 리 없다. 서구사회의 삶은 안전하고 편리하며 마법처럼 휘황해 보이지만 그의 눈길은 그 화려함 뒤에 감춰진 메마름, 물질에의 예속을 놓치지 않는다. 또한 고독하고 척박해 보이는 사막이지만, 그곳에는 자연에 순응하며 삶의 의미를 가꾸어 나가는 사람이 있다는 사실 역시 잊지 않는다.

  사막의 아이 무사와 이브라힘 형제가 때로는 각자의 목소리로, 때로는 목소리를 합해 들려주는 이 책의 이야기는 두 사람만의 특별한 모험 이야기이기 이전에 모든 사막 아이들의 이야기이다. 이 책을 읽는 우리는 어느덧 서구의 시선으로 포장되지 않은 사막의 삶 속으로 따라 들어가게 된다. 두 사람이 들려주는 사막의 삶이란 역경을 삶의 자양분으로 삼는 지혜이며 척박한 조건 속에서도 생존을 위해 최선을 다하는 성실성이다. 그 삶은 기다림과 고통에 대한 인내심이며 작은 것에서도 행복을 발견하는 능력이다. 사막에 사는 그들은 자신들을 이끌어 주는 자연의 속삭임을 믿고 자연이 보내오는 신호를 겸허하게 받아들이며, 그러기 위해 삶에 고요하고 여유로운 빈자리를 남겨 둘 줄 안다. 그들은 시간 자체를 살며 흘러가는 한 순간 한 순간에 충실하다. 우연히 모래 위에 떨어진 배움의 씨앗을 키우고 가꾸어 나가는 사막 아이들의 성실함과 열정은 그들이 뿌리내린 그런 삶에서 앞으로도 계속해서 자양분을 길어 낼 것이다. 그런 그들을 보며 우리는 그동안 우리가 잊고 있던, 혹은 어떤 핑계로 포기해 버린 소중한 무엇인가를 문득 뒤돌아보지 않을 수 없다.

2010년 10월
임미경

임미경

서울대학교 불어불문학과 학부와 대학원을 졸업했다. 여러 대학에 출강하고 있으며 번역에도 힘을 쏟고 있다. 〈여성과 성스러움〉, 〈뽀뽀상자〉, 〈포르노그라피아〉, 〈나무인간〉, 〈앨라배마송〉, 〈적과흑〉 등을 우리말로 옮겼다.

전화식

프랑스 에콜 데 보자르 베르사유에서 사진을 수학, 한국판 〈GEO〉 사진 디렉터 및 〈샘이깊은물〉 사진부장을 지냈다. 1백여 나라의 전쟁, 오지, 문화, 자연 등을 취재했고 그중 아프리카는 30여 국을 종·횡단했으며 특히 투아레그족의 두 가족을 13년 동안 세 차례에 걸쳐 취재했다. 사진집으로 〈사하라 사막의 마지막 전사, 투아레그족〉, 〈신의 딸, 코미안〉, 〈War of Tuna〉 등이 있다. 현재 프랑스 HOA-QUI 소속의 사진가이다.

고즈원은 좋은책을 읽는 독자를 섬깁니다.
당신을 닮은 좋은책―고즈원

사막학교 아이들

지은이 | 무사 앗사리드·이브라힘 앗사리드
옮긴이 | 임미경
사　진 | 전화식

1판 1쇄 인쇄 | 2010. 10. 20.
1판 1쇄 발행 | 2010. 10. 25.

이 책의 한국어판 저작권은 베스툰 코리아 에이전시를 통한 저작권자와의 독점계약으로 고즈원(주)에 있습니다.
저작권법에 의해 한국 내에서 보호를 받는 저작물이므로 무단전재와 무단복제를 금합니다.

발행처 | 고즈원
발행인 | 고세규
신고번호 | 제313-2004-00095호
신고일자 | 2004. 4. 21.
(121-819) 서울특별시 마포구 동교동 200-19번지 202호
전화 02)325-5676　팩시밀리 02)333-5980

값은 표지에 있습니다.
ISBN 978-89-92975-43-8 03860

고즈원은 항상 책을 읽는 독자의 기쁨을 생각합니다.
고즈원은 좋은책이 독자에게 행복을 전한다고 믿습니다.